펴낸이   김기훈 김진희

펴낸곳   ㈜쎄듀/서울시 강남구 논현로 305 (역삼동)

발행일   2018년 5월 4일 초판 1쇄

내용 문의   www.cedubook.com

구입 문의   영업본부

　　　　Tel. 02-6241-2007

　　　　Fax. 02-2058-0209

등록번호   제22-2472호

ISBN   978-89-6806-114-1

교과서 지식으로 영문 독해를 자신 있게!

리딩 릴레이

READING RELAY

MASTER

저자

김기훈　　現 ㈜ 쎄듀 대표이사
　　　　　現 메가스터디 영어영역 대표강사
　　　　　前 서울특별시 교육청 외국어 교육정책자문위원회 위원
　　　　　저서　천일문 〈입문편 · 기본편 · 핵심편 · 완성편〉 / 천일문 GRAMMAR
　　　　　　　　첫단추 BASIC / 어법끝 / 문법의 골든룰 101 / Grammar Q
　　　　　　　　어휘끝 / 쎄듀 종합영어 / 절대평가 PLAN A / 구문현답 / 유형즉답
　　　　　　　　The 리딩플레이어 / 빈칸백서 / 오답백서 / 리딩 플랫폼 / 거침없이 Writing
　　　　　　　　첫단추 모의고사 / Sense Up! 모의고사 / Power Up! 모의고사
　　　　　　　　수능실감 EBS 변형 FINAL 모의고사 등

박정애　　쎄듀 영어교육연구센터 선임연구원
　　　　　저서　천일문 〈완성편〉 / 어휘끝 5.0 / 쎄듀 종합영어
　　　　　　　　Power Up! 모의고사 〈듣기〉 / 오답백서 / 구문현답 / 리딩 플랫폼
　　　　　　　　절대평가 PLAN A 〈구문어법〉 / 첫단추 BASIC 〈독해편〉 등

장혜승　　쎄듀 영어교육연구센터 연구원
　　　　　저서　초등코치 천일문 시리즈

김수현　　쎄듀 영어교육연구센터 연구원
　　　　　저서　천일문 기본 문제집 / 첫단추 모의고사 〈독해유형편〉
　　　　　　　　수능실감 2018 SEMIFINAL 독해 모의고사

마케팅	민혜정, 문병철, 장은비
영업	공우진, 문병구
제작	정승호
인디자인 편집	올댓에디팅
표지 디자인	윤혜영, 이연수
내지 디자인	PINT Graphics, 이연수
일러스트	바니모모, 그림숲
영문교열	Eric Scheusner

Preface

중등 독해 〈리딩 릴레이〉 시리즈를 펴내며

중등 독해, 무엇을 어떻게 읽어야 할까?

아이들은 짧고 재미있는 이야기를 읽기 시작해 점차 다양한 성격의 글을 접하게 됩니다. 하지만 학년이 올라가면서 영어에만 투자할 수 있는 시간이 점차로 줄어들기 때문에 무조건 많은 양의 읽기로 독해력을 키우는 것이 현실적으로 어렵습니다. 즉 학습할 과목이 늘어나는 중학교 시기에는 무작정 많고 다양한 글을 읽기보다 효과적이고 효율적인 읽기에 초점이 맞춰져야 합니다.

초등학교 때와 달리 중학교에서는 문법이 강조되고, 이후 고등학교에서는 그동안 쌓아온 어휘와 문법을 적용하여 빠르게 지문을 읽고 정확하게 내용을 파악하는 능력이 요구됩니다. 따라서 중학교 때 기본 어휘를 익히고 학습한 문법을 응용하여 글을 읽는 능력을 키우는 것이 중요합니다.

이를 위하여 본 시리즈는 효율적인 독해 학습을 위해 교육부가 지정한 필수 어휘와 교과 과정에 등장하는 소재를 바탕으로 한 지문들로 구성하였습니다. 또한, 중학교 교과목 내용과 관련된 배경 지식을 쌓으면서 영어 지문의 이해도를 높이고, 독해의 부담을 줄일 수 있도록 설계하였습니다.

❶ 탄탄한 어휘력은 효율적인 학습의 시작입니다.

어휘 학습은 글의 이해를 도와주는 중요한 역할을 합니다. 〈리딩 릴레이〉 시리즈는 교육부에서 지정한 필수 어휘 중 교과서에서 빈출되는 어휘와 주요 표현들을 지문 속에서 자연스럽게 학습하여 어휘력과 독해 실력을 동시에 쌓을 수 있습니다.

❷ 배경 지식 활용이 이해의 바탕이 됩니다.

중학교 교과목을 바탕으로 소재를 선정하여 관련되는 우리말 배경 지식을 쌓은 후, 이어지는 내용을 영어 지문으로 읽음으로써 조금 더 친근하게 영어 지문에 다가갈 수 있도록 구성하였습니다. 이렇게 쌓인 배경 지식은 또 다른 영어 지문을 대할 때도 이해력과 자신감을 높여주고 나아가 다른 교과목의 학습에도 시너지를 낼 수 있으리라 생각합니다.

효율적인 독해 학습을 돕는 〈리딩 릴레이〉 시리즈를 통해 학습 부담을 줄이고 교과 과정에 흥미를 더해줄 지식을 쌓으면서 독해의 즐거움을 느낄 수 있기를 바랍니다.

저자

Preview

〈리딩 릴레이〉의 구성과 특징

이 시리즈는 다음과 같이 구성되어 있습니다.

❶ 어휘와 배경 지식을 먼저 접하여 효과적인 독해 학습이 되도록 구성하였습니다.

❷ 영어 독해 실력 향상을 목표로 하는 학생뿐 아니라 영어 독해에 대해 두려움이나 거부감을 가진 학생들을 위한 책으로 지문 관련 내용과 좀 더 친숙해질 수 있습니다.

01 Chapter Preview

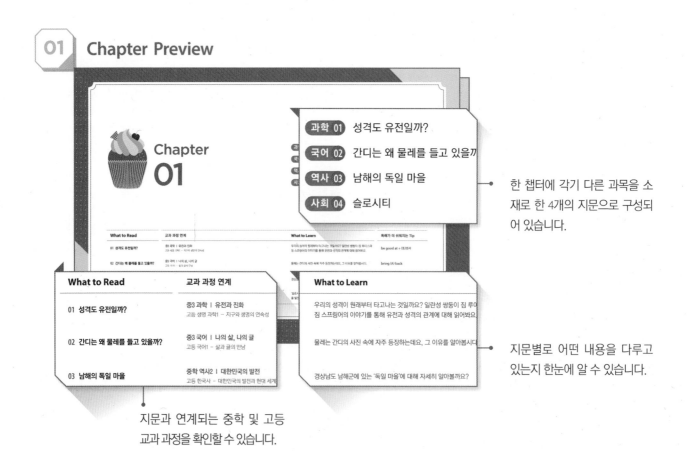

과학 01	성격도 유전일까?
국어 02	간디는 왜 물레를 들고 있을까
역사 03	남해의 독일 마을
사회 04	슬로시티

한 챕터에 각기 다른 과목을 소재로 한 4개의 지문으로 구성되어 있습니다.

What to Read | 교과 과정 연계

What to Read	교과 과정 연계
01 성격도 유전일까?	중3 과학 l 유전과 진화 고등 생명 과학1 - 지구와 생명의 연속성
02 간디는 왜 물레를 들고 있을까?	중3 국어 l 나의 삶, 나의 글 고등 국어1 - 삶과 글의 만남
03 남해의 독일 마을	중학 역사2 l 대한민국의 발전 고등 한국사 - 대한민국의 발전과 현대 세계

지문과 연계되는 중학 및 고등 교과 과정을 확인할 수 있습니다.

What to Learn

우리의 성격이 원래부터 타고나는 것일까요? 일란성 쌍둥이 짐 루어와 짐 스프링어의 이야기를 통해 유전과 성격의 관계에 대해 읽어봐요.

물레는 간디의 사진 속에 자주 등장하는데요, 그 이유를 알아봅시다.

경상남도 남해군에 있는 '독일 마을'에 대해 자세히 알아볼까요?

지문별로 어떤 내용을 다루고 있는지 한눈에 알 수 있습니다.

교육부 지정 중학 필수 어휘

교육부에서 지정한 필수 어휘로, 중학교 교과서에 빈출되는 것 위주로 수록하였습니다.

또한, 휴대폰을 통해 QR코드를 인식하여 교육부 지정 중학 필수 어휘의 MP3 파일을 들을 수 있습니다.

03 START READING!

우리말로 가볍게 지문 관련 배경지식을 먼저 읽어보세요. 뒷 페이지에 이어지는 영어 지문을 자신 있게 읽어 내려갈 수 있습니다.

일치/불일치, 어휘, 영작 등의 문제를 통해 우리말 배경지식에 등장한 내용 및 필수 어휘를 확인해보세요.

[교과서 지식 Bank]를 통해 해당 과목 교과서 관련 내용을 읽어볼 수 있습니다.

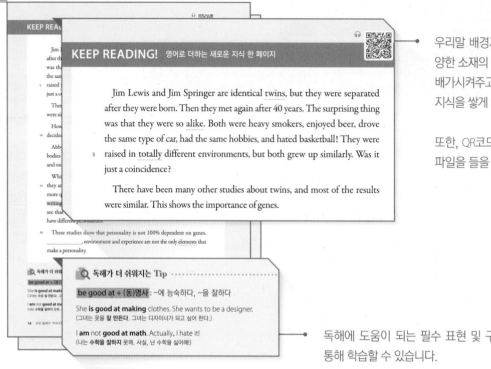

04 KEEP READING!

KEEP READING! 영어로 더하는 새로운 지식 한 페이지

Jim Lewis and Jim Springer are identical twins, but they were separated after they were born. Then they met again after 40 years. The surprising thing was that they were so alike. Both were heavy smokers, enjoyed beer, drove the same type of car, had the same hobbies, and hated basketball! They were raised in totally different environments, but both grew up similarly. Was it just a coincidence?

There have been many other studies about twins, and most of the results were similar. This shows the importance of genes.

These studies show that personality is not 100% dependent on genes. _____, environment and experience are not the only elements that make a personality.

독해가 더 쉬워지는 Tip

be good at + (동)명사 : ~에 능숙하다, ~을 잘하다

She **is good at making** clothes. She wants to be a designer.
(그녀는 옷을 잘 만든다. 그녀는 디자이너가 되고 싶어 한다.)

I **am** not **good at math**. Actually, I hate it!
(나는 수학을 잘하지 못해. 사실, 난 수학을 싫어해!)

우리말 배경지식에 이어지는 다양한 소재의 영어 지문은 흥미를 배가시켜주고 다른 과목에 대한 지식을 쌓게 해줍니다.

또한, QR코드로 해당 지문 MP3 파일을 들을 수 있습니다.

독해에 도움이 되는 필수 표현 및 구문을 추가 예문을 통해 학습할 수 있습니다.

05

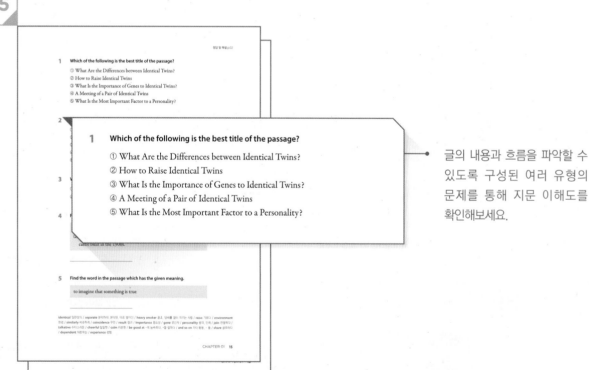

1 Which of the following is the best title of the passage?

① What Are the Differences between Identical Twins?
② How to Raise Identical Twins
③ What Is the Importance of Genes to Identical Twins?
④ A Meeting of a Pair of Identical Twins
⑤ What Is the Most Important Factor to a Personality?

5 Find the word in the passage which has the given meaning.

to imagine that something is true

글의 내용과 흐름을 파악할 수 있도록 구성된 여러 유형의 문제를 통해 지문 이해도를 확인해보세요.

별책 부록 – 단어 암기장

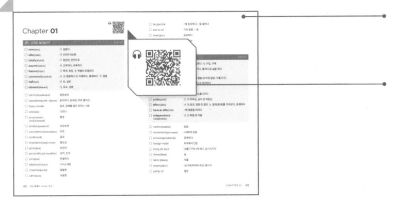

별책 부록으로 단어 암기장이 함께 제공됩니다. 중학 필수 어휘와 지문에 나온 주요 어휘들을 수록하였습니다.

QR코드를 통해 단어 MP3 파일을 들을 수 있습니다.

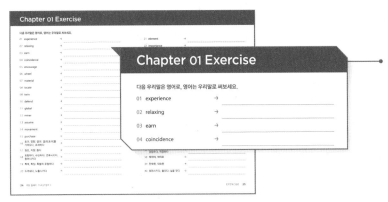

학습한 단어 의미를 복습하면서 어휘력을 기를 수 있습니다.

무료 부가서비스

1. 어휘리스트

2. 어휘테스트

3. 직독직해 연습지

학습을 돕는 부가서비스 자료들을 활용하여 복습할 수 있습니다.

무료 부가서비스 자료는 www.cedubook.com에서 다운로드 가능합니다.
1. MP3 파일 2. 어휘리스트 3. 어휘테스트 4. 어휘출제프로그램 5. 직독직해 연습지

Contents

Chapter 01

What to Learn	**독해가 더 쉬워지는 Tip**
우리의 성격이 원래부터 타고나는 것일까요? 일란성 쌍둥이 짐 루이스와 짐 스프링어의 이야기를 통해 유전과 성격의 관계에 대해 읽어봐요.	**be good at + (동)명사**
물레는 간디의 사진 속에 자주 등장하는데요, 그 이유를 알아봅시다.	**bring (A) back**
경상남도 남해군에 있는 '독일 마을'에 대해 자세히 알아볼까요?	**as many[much] + 명사 + as possible**
'슬로시티'의 발상지였던 오르비에토는 지역화 전략을 사용하여 관광 산업을 발전시키고 있어요.	**take a step back in harmony with**

정답 및 해설 p.02

교육부 지정 중학 필수 어휘

twin	명 쌍둥이
alike	형 (아주) 비슷한
totally	부 완전히, 전적으로
assume	동 간주하다, 추측하다
feature	명 특색, 특징 동 특별히 포함하다
command	동 1. 명령하다 2. 지배하다, 통제하다 명 명령
half	명 반, 절반
element	명 요소, 성분

아래 해석을 참고하여 다음 각 빈칸에 적절한 단어를 위의 목록에서 골라 쓰세요. (동사의 시제와 명사의 수에 유의)

1   She didn't call me, so I _____ that she would come. But she didn't.

2   The leader _____ a team of seven people. They had to follow her orders.

3   There are many key _____ of success such as effort, passion, and so on.

4   The _____ look exactly the same. I can't tell the difference.

5   They are so _____. If they don't tell you, you will think that they are twins.

6   She ate _____ of the pizza, and I ate the rest. We had the same amount.

7   You bought a new phone! What are some of its _____?

8   She _____ forgot about the homework. She had to do it during her lunchtime.

해석 1 그녀가 나에게 전화하지 않아서, 나는 그녀가 올 것이라고 추측했다. 하지만 그녀는 오지 않았다. 2 그 주장은 7명의 한 팀을 통제했다. 그들은 그녀의 지시들을 따라야 했다. 3 노력, 열정 등과 같이 성공에 많은 핵심 요소들이 있다. 4 그 쌍둥이는 완전히 똑같이 생겼다. 나는 다른 점을 찾지 못하겠다. 5 그들은 아주 비슷하다. 만약 그들이 말하지 않는다면, 당신은 그들이 쌍둥이라고 생각할 것이다. 6 그녀가 피자 반쪽을 먹고, 내가 나머지를 먹었다. 우리는 같은 양을 먹었다. 7 너 새 전화기 샀구나! 그것의 특징들은 뭐니? 8 그녀는 숙제에 대해 완전히 잊어버렸다. 그녀는 그것을 점심시간에 해야 했다.

여러분은 성격이 타고난다고 생각하나요? 아니면 환경에 의해 만들어진다고 생각하나요? 때로는 자신의 성격을 바꾸고 싶다는 생각이 들 때도 있을 텐데요, 우린 정말 성격을 바꿀 수 있을까요? 성격이 선천적인 것인지 후천적인 것인지에 대해서는 오랫동안 논란이 있었어요. 그래서 같은 유전자를 가진 일란성 <u>twin</u>들을 대상으로 진행한 연구도 여럿 있어요. 일란성 <u>twin</u>으로 태어났지만 각기 다른 곳에서 자란 짐 루이스(Jim Lewis)와 짐 스프링어(Jim Springer)의 이야기, 그리고 오랜 시간을 함께 보낸 <u>twin</u>의 이야기를 보면서 유전과 환경에 대해서 생각해봐요.

SEE THE NEXT PAGE! ≫

1 밑줄 친 twin에 해당하는 우리말을 쓰세요.

_____

2 이 글의 내용과 일치하면 T, 그렇지 않으면 F를 쓰세요.

(1) 연구에 의하면, 성격은 선천적인 것이다. _____
(2) 일란성 쌍둥이에 대한 연구가 여럿 있다. _____
(3) 짐 루이스와 짐 스프링어는 이란성 쌍둥이이다. _____

교과서 지식 Bank

중3 과학 – 쌍둥이

일란성 쌍둥이는 하나의 난자와 하나의 정자가 수정하여 발생하는 과정에서 두 개로 나뉜 것이므로 모든 유전자가 동일해요. 그러므로 따로 자란 일란성 쌍둥이 사이의 차이는 환경의 영향이 크다고 볼 수 있지요. 반면, 이란성 쌍둥이는 난자 두 개가 배란되어 각각 수정이 일어나 태어나기 때문에 유전자 구성이 서로 달라요. 따라서 함께 자란 이란성 쌍둥이 사이의 차이는 유전자에 의한 것일 가능성이 크답니다.

Jim Lewis and Jim Springer are identical twins, but they were separated after they were born. Then they met again after 40 years. The surprising thing was that they were so alike. Both were heavy smokers, enjoyed beer, drove the same type of car, had the same hobbies, and hated basketball! They were
5   raised in totally different environments, but both grew up similarly. Was it just a coincidence?

There have been many other studies about twins, and most of the results were similar. This shows the importance of genes.

However, we can't just assume that personality and other features are only
10   decided by genes.

Abby and Brittany Hensel are twins. Their heads are separate, but their bodies are joined. Each twin commands her half of their body, using one arm and one leg.

While they have identical genes and lived more than 20 years together,
15   they are very different. Abby is more talkative and cheerful, but Brittany is more quiet and calmer. Abby is good at mathematics, but Brittany is good at writing. Also, they like different foods, colors, and so on. In this case, we can see that even 100% identical twins who shared the same environment can have different personalities.

20   These studies show that personality is not 100% dependent on genes. _____, environment and experience are not the only elements that make a personality.

🔍 독해가 더 쉬워지는 **Tip** ••

be good at + (동)명사 : ~에 능숙하다, ~을 잘하다

She **is good at making** clothes. She wants to be a designer.
(그녀는 옷을 **잘 만든다**. 그녀는 디자이너가 되고 싶어 한다.)

I **am** not **good at math**. Actually, I hate it!
(나는 **수학을 잘하지** 못해. 사실, 난 수학을 싫어해!)

1 **Which of the following is the best title of the passage?**

① What Are the Differences between Identical Twins?
② How to Raise Identical Twins
③ What Is the Importance of Genes to Identical Twins?
④ A Meeting of a Pair of Identical Twins
⑤ What Is the Most Important Factor to a Personality?

2 **Which of the following is NOT true according to the passage?**

① Jim Lewis and Jim Springer met 40 years after they were separated.
② Many studies about twins show the importance of genes.
③ Abby and Brittany are twins with joined heads.
④ Abby is talkative and cheerful.
⑤ Abby and Brittany have different personalities.

3 **Which of the following best fits in the blank?**

① However   ② on the other hand   ③ Also
④ For example   ⑤ Instead

4 **Find the word which fits in the blanks (A) and (B) from the passage.**

(1) The yoga program _____(A)_____ free massage.
(2) Two interesting _____(B)_____ of this city are its old markets and the castle built in the 1900s.

_____

5 **Find the word in the passage which has the given meaning.**

to imagine that something is true

_____

identical 일란성의 / separate 분리하다; 분리된, 따로 떨어진 / heavy smoker 골초, 담배를 많이 피우는 사람 / raise 기르다 / environment 환경 / similarly 비슷하게 / coincidence 우연 / result 결과 / importance 중요성 / gene 유전자 / personality 성격, 인격 / join 연결하다 / talkative 수다스러운 / cheerful 발랄한 / calm 차분한 / be good at ~에 능숙하다, ~을 잘하다 / and so on 기타 등등, ~ 등 / share 공유하다 / dependent 의존하는 / experience 경험

교육부 지정 중학 필수 어휘

정답 및 해설 p.04

purchase	동 **사다, 구입하다** 명 구입, 구매	
spin - spun - spun	동 1. 회전시키다, 돌리다 2. **실을 잣다**	
wheel	명 1. 바퀴 2. 핸들 3. **바퀴 달린 기계[기구]** 동 1. 회전하다 2. 운전하다 ※ **spinning wheel** 물레	
expose	동 드러내다, 노출시키다	
pride	명 1. **자부심, 긍지** 2. 자존심	
effect	명 1. **효과, 영향** 2. 결과 동 결과[효과]를 가져오다, 초래하다 ※ **have an effect on** ~에 영향을 미치다	
independence	명 1. **독립** 2. 자립	

아래 해석을 참고하여 다음 각 빈칸에 적절한 단어를 위의 목록에서 골라 쓰세요. (동사의 시제와 명사의 수에 유의)

1   Yesterday's celebration _____ citizens' love for their city.

2   She is _____ silk to make a beautiful silk dress.

3   Many Korean people fought for the _____ of Korea from Japan.

4   The man has great _____ in his work because only he can make this beautiful glass.

5   I _____ gifts for my parents for Christmas.

6   The new law will have a positive _____ on oil prices.

7   Cinderella had a spinning _____ in her room to make dresses for her sisters.

해석 **1** 어제의 축제는 자신들의 도시를 향한 시민들의 애정을 <u>드러냈다</u>. **2** 그녀는 아름다운 실크 드레스를 만들기 위해서 실크를 <u>자아내고</u> 있다. **3** 많은 한국 사람들이 일본으로부터 한국의 독립을 위해 싸웠다. **4** 오직 그 남자만이 이 아름다운 유리잔을 만들 수 있기 때문에 자신의 일에 대해 자부심이 크다. **5** 나는 부모님을 위한 크리스마스 선물을 <u>샀다</u>. **6** 그 새로운 법은 기름값에 긍정적인 <u>영향</u>을 미칠 것이다. **7** 신데렐라는 그녀의 방에 자기 언니들의 드레스를 만들기 위한 <u>물레</u>를 갖고 있었다.

마하트마 간디(Mahatma Gandhi)는 인도의 <u>independence</u>를 이끈 역사상 가장 유명한 인물 중 하나로 잘 알려져 있는데요, 여기서 '마하트마'가 이름이 아니라는 것 혹시 알고 있나요? 마하트마는 '위대한 영혼'이라는 뜻의 인도어로, 나라의 독립을 위해 평생을 바친 간디에게 인도 사람들이 붙여준 호(號)라고 해요. 간디의 조국인 인도는 간디가 태어나기 전부터 영국의 식민지로 영국인들의 지배를 받고 있었어요. 간디는 여기에 대항해 폭력적인 방법을 쓰지 않고 독립을 주장했어요. 지금까지 남아 있는 간디의 사진들 중에는 물레를 돌리는 모습이 찍힌 것들이 있는데요, 바로 **이 물레가 간디의 운동에서 아주 중요한 역할을 했고, 나중에는 간디의 상징이 되었답니다.**

SEE THE NEXT PAGE! »

1 밑줄 친 independence에 해당하는 우리말을 고르세요.

① 자부심 　　　② 독립 　　　③ 영향 　　　④ 지배

2 굵게 표시한 부분과 일치하도록 아래 단어를 알맞게 배열하여 문장을 완성하세요.

The spinning wheel ＿＿＿＿＿＿＿＿＿＿＿＿＿＿＿＿＿＿ in
Gandhi's movement and later became a symbol of Gandhi himself.
(role / an / played / important)

교과서 지식
Bank

중3 국어 - 인도를 구한 위대한 영혼

간디는 독립운동가, 사회개혁가, 종교지도자로서 '평화주의자'였어요. 인도의 독립을 위해 비폭력 저항운동을 이끌었고, 억압받고 착취당하는 인도인들의 자립을 위해 힘썼으며, 인도 내 이슬람교와 힌두교의 화합을 위해 헌신했답니다.

One method of Gandhi's movement against England was not to purchase any products from England. Gandhi encouraged Indians not to buy and wear foreign-made clothes. Instead, he brought back the old traditions of spinning their own thread and making their own fabric with spinning
5　wheels.

For centuries, India had been a major player in the textile industry because it had plenty of cotton farms. However, after the Industrial Revolution, Indian cotton was shipped to England to be made into cloth. It was then shipped back to India, and Indians had to buy the products at a higher price.
10　Gandhi said, "This object, the spinning wheel, allows us to dress ourselves in clothes made by our own hands." He wanted other Indian people to make and wear clothes from India rather than buying fabric or clothes from England.

By wearing traditional cotton clothes made by himself, Gandhi exposed
15　his pride in his Indian heritage and encouraged other Indians to do the same. His messages had a powerful effect on Indians, and Gandhi's spinning wheel became a symbol of India's independence from England.

*textile industry 직물 산업

**Industrial Revolution 산업혁명

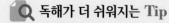

🔍 **독해가 더 쉬워지는 Tip** ●●

bring (A) back : (A를) 기억나게 하다, 상기시키다

Looking at the old pictures **brought back** old memories.
(옛날 사진을 보는 것은 예전 기억을 **상기시켰다**.)

1 **Which of the following is the best title of the passage?**

① Gandhi's Invention
② An Old Indian Tradition
③ The War between India and England
④ Gandhi and the Spinning Wheel
⑤ The Importance of Fabric and Clothes

2 **Which of the following is NOT true according to the passage?**

① Gandhi was against buying things made in England.
② India had a huge textile industry in the past.
③ England bought cotton and sold clothes at cheaper prices.
④ Gandhi inspired people to make their own clothes.
⑤ Gandhi encouraged Indians to feel proud of themselves.

3 **Find the word in the passage which has the given meaning.**

a feeling of happiness and pleasure about oneself

_____

4 **Complete the summary by choosing the correct choice below for each blank.**

Gandhi encouraged Indians not to (1) _____ products made in England. Instead, he asked people to (2) _____ thread and make their own clothes with a spinning wheel. Not only that, he inspired Indians to have (3) _____ in their country by wearing traditional clothes.
This had a huge (4) _____ on Indians, and his spinning wheel became a symbol of India's independence from England.

① spin　　② pride　　③ effect　　④ purchase

method 방법 / movement (사회적) 운동 / encourage 장려하다 / foreign-made 외국에서 만든 / bring (A) back (A를) 기억나게 하다, 상기시키다 / thread 실 / fabric 직물 / player (상거래 따위의 주요) 참가자 / plenty of 많은 / cotton 목화 / ship (배로) 수송하다 / object 물건, 물체 / allow 가능하게 하다 / rather than ~보다는 / heritage 유산 / symbol 상징
선택지 어휘 4 pleasure 기쁨, 즐거움 5 inspire 고무하다, 격려하다

교육부 지정 중학 필수 어휘 🎧

정답 및 해설 p.06

persuade	동 설득하다
abroad	부 해외에, 해외로
miner	명 광부
intend	동 1. 하려고 생각하다, ~할 작정이다 2. 의미하다, 가리키다
decade	명 10년
aid	명 원조, 지원 동 돕다
construct	동 건설하다, 세우다
familiar	형 친숙한, 익숙한

아래 해석을 참고하여 다음 각 빈칸에 적절한 단어를 위의 목록에서 골라 쓰세요. (동사의 시제와 명사의 수에 유의)

1 He went _____ to study. He was excited to go to a foreign country.

2 It took a(n) _____ to build the tallest building in the world.

3 The girl looked _____ even though I met her for the first time.

4 My friend _____ me to go to watch a movie, so we went to the theater.

5 He got _____ from the school and went to school for free.

6 The _____ found diamonds in the mine.

7 The city was planning to _____ a shopping mall in the center of the city.

8 She _____ to finish university in three years and travel all over the world.

해석 1 그는 공부하러 해외로 떠났다. 그는 외국에 가는 것에 신이 났다. 2 세상에서 가장 높은 건물을 짓는 데 10년이 걸렸다. 3 비록 나는 그 여자아이를 처음 만났지만, 그녀는 친숙해 보였다. 4 내 친구가 나에게 영화를 보러 가자고 설득해서, 우리는 영화관에 갔다. 5 그는 학교로부터 지원을 받았고 무료로 학교를 다녔다. 6 그 광부는 광산에서 다이아몬드를 찾았다. 7 그 도시는 도시의 중심에 쇼핑몰을 건설할 계획을 세우고 있었다. 8 그녀는 3년 안에 대학을 끝마치고 전 세계로 여행을 가려고 생각한다.

'독일'이라고 하면 우리 머릿속에는 자동차, 맥주, 소시지, 베를린 장벽 등이 떠오르는 한 번쯤 가보고 싶은 나라인데요, 우리나라에서 독일의 정취를 느낄 수 있는 곳이 있다고 하면 어떨까요? 경상남도 남해군에는 '독일 마을(German Village)'이라는 곳이 있어요. 1960~1970년대에 우리나라

근로자들이 **abroad**로 많이 파견되었는데, 그중에서도 서독으로 파견되었던 광부와 간호사들 때문에 생긴 마을이에요. 작고 아담하지만, 독일에서 흔히 보이는 마을의 풍경과 비교해도 손색이 없어서 이곳에 가면 마치 독일에 있는 것 같은 기분을 느낄 수 있다고 해요.

SEE THE NEXT PAGE! ≫

1   밑줄 친 abroad에 해당하는 우리말을 쓰세요.

_____

2   이 글의 내용과 일치하면 T, 그렇지 않으면 F를 쓰세요.

(1) 1960~1970년대에 광부와 간호사들이 서독으로 파견되었다.   _____

(2) 독일 마을은 독일에서 흔히 보는 마을과 비슷하다.   _____

교과서 지식 Bank

중학 역사2 - 1960~70년대의 경제 성장

1960년대 이후 국외로 나가 외화를 벌어들이는 우리나라 근로자들이 생겨났어요. 서독으로 파견된 광부와 간호사, 중동의 산유국에서 일한 건설 노동자들이 벌어들인 외화는 우리나라 경제 성장의 밑거름이 되었지요. 당시 우리나라는 경제 발전을 위해 필요한 자본이 부족했고 실업자들도 넘쳐났는데 이를 해결하기 위해 근로자 해외파견을 했던 것이랍니다.

In the 1960s, Korea was a poor country and wanted foreign money. Therefore, the government persuaded people to work abroad to earn foreign money. (①) Lots of men went to Germany to work as miners, and lots of women went to work as nurses. When they left Korea, they intended to come back in three years. (②) After several decades, they became old and wanted to come home to Korea. However, since they had been gone so long, they had no aid in Korea. So, the Korean government helped. (③) The government constructed a small village in Namhae-gun, and this village looked familiar to them. (④) The government even imported construction materials from Germany to make the town as similar as possible. When people started to move into this town, they tried to keep as much of the German _____ as possible. For example, every September, the village holds "Oktoberfest," which is a traditional German festival. (⑤) They play exciting music, dance, and share traditional foods. If you are interested in Germany, why don't you visit this German village in Korea first?

🔍 독해가 더 쉬워지는 **Tip** ···

as many[much] + 명사 + as possible : 가능한 한 많은 ~

She reads **as many books as possible** during summer break.
(그녀는 여름방학 동안 **가능한 한 많은 책을** 읽는다.)

He drank **as much water as possible** before taking a bath.
(그는 목욕하기 전에 **가능한 한 많은 물을** 마셨다.)

They ate **as much of the food as possible** at the party.
(그들은 파티에서 **가능한 한 많은 음식을** 먹었다.)

1 **Which of the following is the best topic of the passage?**

① why people went to Germany in the 1960s
② the people who became miners and nurses
③ how and why the German village was formed
④ the Koreans who couldn't return from Germany
⑤ the famous parts of German culture

2 **Which of the following is mentioned in the passage?**

① the number of workers who left for Germany
② why Namhae-gun was chosen
③ the workers' everyday life in Germany
④ the relationship between Korea and Germany
⑤ when "Oktoberfest" is held in the German village

3 **Where would the following sentence best fit?**

However, many of them remained in Germany instead of coming back.

①   ②   ③   ④   ⑤

4 **Which of the following best fits in the blank?**

① lesson   ② tourist site   ③ technology
④ culture   ⑤ relationship

5 **Find the word in the passage which has the given meaning.**

well known to you, or easily recognized

_____

foreign 외국의 / government 정부, 정권 / earn (돈을) 벌다 / import 수입하다 / construction 건축, 건설 / material 재료, 자재 / hold 열다, 개최하다 / traditional 전통적인 / exciting 신나는 / share 나누다
선택지 어휘 2 relationship 관계 4 tourist site 관광지 / technology 기술 5 recognize 알아보다

교육부 지정 중학 필수 어휘 🎧

정답 및 해설 p.09

mild	형 1. 가벼운, 순한 2. **온화한**
mount	동 1. 시작하다 2. **올라가다**
operate	동 1. (기계가) 작동하다 2. (사업체가) **영업하다, 작동하다**
global	형 세계적인
involve	동 1. 포함하다, 수반하다 2. **연루시키다, 참여시키다** ※ **get involved** 관여하다
relaxing	형 **마음을 느긋하게 해 주는, 편한**
quality	명 1. **질** 2. 우수성, 고급 형 훌륭한
defend	동 방어하다, 지키다

아래 해석을 참고하여 다음 각 빈칸에 적절한 단어를 위의 목록에서 골라 쓰세요. (동사의 시제와 명사의 수에 유의)

1   The prince tried his best to _____ the castle from enemies.

2   Don't _____ me in this argument. I don't want any more trouble.

3   This violin was used by a famous violinist. The _____ is very high. Also the cost is very high.

4   Our store _____ from 9 a.m. to 6 p.m.

5   Winter in Vancouver is _____. It is not that cold.

6   As I _____ the stairs, I felt pain in my knees.

7   This _____ oil will calm your mind.

8   The company has become one of the largest in the _____ auto market.

해석 **1** 그 왕자는 적으로부터 성을 방어하기 위해 최선을 다 했다. **2** 이 논쟁에 나를 연루시키지 마. 나는 더 이상의 문제를 원하지 않아. **3** 이 바이올린은 유명한 바이올리니스트가 사용했었다. 그 질은 매우 높다. 또한 그 값도 매우 높다. **4** 저희 가게는 오전 아홉 시부터 오후 여섯 시까지 영업합니다. **5** 밴쿠버의 겨울은 온화하다. 그리 춥지 않다. **6** 계단을 올라가자, 나는 무릎에 통증을 느꼈다. **7** 이 마음을 느긋하게 해 주는 오일은 당신의 마음을 진정시켜 줄 것이다. **8** 그 회사는 세계 자동차 시장에서 가장 큰 회사 중 한 곳이 되었다.

'슬로시티(slow city)'에 대해 들어본 적 있나요? 우리말로 바꿔보면 '느린 도시'가 되는데요, 공해 없는 자연 속에서 전통문화와 자연을 지키며 <u>relaxing</u>한 삶을 추구하는 국제 운동을 말해요. '슬로시티'라는 말은 이탈리아어 치타슬로(Cittaslow)의 영어식 표현으로, 1986년에 패스트푸드에 대항하는 '슬로푸드' 운동에서 시작되었답니다. 처음에는 이탈리아 소도시 오르비에토(Orvieto)의 한 시장이 슬로푸드 운동을 시작했고, 1999년에 슬로푸드를 넘어 슬로시티를 선언하며 삶의 질을 높이기 위한 슬로시티 운동이 시작되었어요. 우리나라에도 전주 한옥마을, 전남 담양 등 12곳이 슬로시티로 지정되어 있답니다.

SEE THE NEXT PAGE! »

1 밑줄 친 relaxing에 해당하는 우리말을 고르세요.

_____

2 이 글의 내용과 일치하면 T, 그렇지 않으면 F를 쓰세요.

(1) 슬로시티 운동은 전통과 자연을 중요시 한다. _____

(2) 슬로푸드 운동에서 나온 것이 슬로시티 운동이다. _____

(3) 전 세계 12개국에 슬로시티가 있다. _____

교과서 지식 Bank

중학 사회2 - 지역화 전략

슬로시티는 지역화 전략의 일환이라고 할 수 있어요. 지역화 전략이란 세계화에 대응하고자 경제적·문화적 측면에서 다른 지역과 차별화할 수 있는 계획을 마련하는 것이에요. 각 지역은 성공적인 지역화 전략을 추진하여 다른 지역과 차별화된 이미지를 만들어 관광 산업을 발전시킬 수 있고, 지역에서 생산되는 상품을 적극적으로 홍보하여 판매량을 늘리고 이를 바탕으로 새로운 산업을 성장시킬 수도 있답니다.

The city of Orvieto is located in the province of Terni in Italy. (①) It is on top of volcanic rock and has a mild climate. If you want to visit, you can take a taxi or a cable car from the bottom of the mountain. As you mount the highest point, you will be met by a beautiful view. (②) The city's restaurants and markets are operating to protect its traditional foods and wines from the global market. Every October, it holds a slow food festival with traditional foods. (③) All the best restaurants and cafes get involved in the festival with pride.

Away from fast cities, slow cities like Orvieto support people who want to live slow. The point of slow living is to take a step back and enjoy a relaxing life. Slow cities, or Cittaslow, provide an environment where people can live slow and improve their quality of life. (④) In slow cities, traditions are highly valued, and people live in harmony with nature. For example, there is less traffic, less noise, and fewer crowds. (⑤) Also, it is hard to find global brand restaurants such as McDonald's because slow cities are defending local produce and products.

*volcanic rock 화산암

🔍 **독해가 더 쉬워지는 Tip** 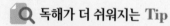 ⋯⋯⋯⋯⋯⋯⋯⋯⋯⋯⋯⋯⋯⋯⋯

take a step back : 일보 물러서다, 한 걸음 물러나다

He **took a step back** to think again about the problem.
(그는 다시 생각하기 위해서 문제에서 **한 걸음 물러섰다**.)

in harmony with : ~와 조화하여, 협조하여

To protect the Earth, we need to stop destroying nature and learn how to live **in harmony with** it.
(지구를 보호하기 위해 우리는 자연을 파괴하던 것을 멈추고 자연과 **조화롭게** 살아가는 방법을 배워야 한다.)

1 **Which of the following is the best title of the passage?**

① A Beautiful City in Italy

② The Difficulties of Slow Living

③ Living Slow in a Big City

④ What Is the Slow City Movement?

⑤ A City That Encourages Slow Living

2 **Which of the following is NOT true according to the passage?**

① You can take a cable car to visit Orvieto.

② Orvieto tries to protect its traditional foods and wines.

③ Every November, there is a slow food festival.

④ Slow cities offer a better life with less traffic and fewer crowds.

⑤ Slow cities protect local products from the global market.

3 **Where would the following sentence best fit?**

How are slow cities different from other cities?

①   ②   ③   ④   ⑤

4 **Find the word in the passage which has the given meanings.**

ⓐ degree of value or excellence

ⓑ a high standard

ⓒ of a high standard, very good

_____

locate 위치하다 / province 주(州), 지방 / traditional 전통적인 / pride 자부심, 긍지 / support 지지하다, 지원하다 / take a step back 일보 물러서다, 한 걸음 물러나다 / improve 개선하다, 향상시키다 / valued 평가된 / in harmony with ~와 조화하여, 협조하여 / traffic 교통, 교통량 / crowd 군중, 사람들 / brand 상표, 브랜드 / local 현지의, 지역의 / produce 농산물 / product 생산품
선택지 어휘 1 movement (정치적·사회적) 운동 / encourage 권장하다 4 degree 정도 / value 가치 / standard 수준

Chapter
02

What to Learn

날씨를 예측하기 어려웠던 옛날에는 원하는 날씨를 기원하며 여러 의식을 행했어요.

환경오염의 주범인 쓰레기를 활용하여 새로운 작품을 만드는 한 예술가에 대해 읽어봅시다.

거리를 걸어 다닐 때 쉽게 볼 수 있는 '맨홀'은 왜 동그란 모양일까요?

신립 장군은 남한강으로 가서 탄금대에서 일본군들에게 크게 패하고 말았어요. 많은 사람들의 반대를 무릅쓰고 그는 왜 남한강으로 갔을까요?

독해가 더 쉬워지는 Tip

whether
make A out of B

devote A to (동)명사

cause + 목적어 + to + 동사원형

so + 형용사/부사 + that + 주어 + 동사

교육부 지정 중학 필수 어휘 🎧

정답 및 해설 p.12

whether	접 1. ~인지 어떤지 2. ~이든 (아니든)
practice	명 1. 실행, 실천 2. (사회의) 관습 3. 연습, 훈련 동 1. 연습하다 2. ~을 행하다
custom	명 (사회·집단의) 풍습, 관습
release	동 1. (사람·동물을) 놓아주다, 풀어주다 2. 풀어놓다, 떼어놓다
pray	동 1. (신에게) 빌다, 기도하다 2. ~을 기원하다, 간절히 바라다
shell	명 (거북·게 등의) 등딱지, 껍데기
otherwise	부 (만약) 그렇지 않으면

아래 해석을 참고하여 다음 각 빈칸에 적절한 단어를 위의 목록에서 골라 쓰세요. (동사의 시제와 명사의 수에 유의)

1   Crabs and lobsters have _____ to protect themselves.

2   We are _____ for good weather this weekend.

3   I wonder _____ he is at home because I need to talk to him right now.

4   Make sure to save the file in your USB memory card. _____, it will be deleted.

5   In fall, farmers _____ a ceremony to thank the gods for their harvest.

6   We _____ the turtle into the pond. Soon it swam away and hid under the rocks.

7   Shaking hands is a common _____ when you meet someone.

해석 1 게와 가재는 스스로를 보호하기 위해 껍데기를 가지고 있다. 2 우리는 이번 주말에 날씨가 좋기를 간절히 바라고 있다. 3 나는 지금 당장 그와 이야기해야 하기 때문에 그가 지금 집에 있는지 궁금하다. 4 USB 메모리카드에 파일을 저장해야 하는 것을 명심해라. 그렇지 않으면 그것은 삭제될 것이다. 5 농부들은 가을에 신에게 수확을 감사하는 의식을 행한다. 6 우리는 연못에 거북이를 놓아주었다. 곧 그것은 헤엄쳐 가버렸고 바위 아래 숨었다. 7 당신이 누군가를 만났을 때 악수하는 것은 흔한 관습이다.

우리 삶에서 날씨가 아주 중요한 역할을 해서 우리는 가끔 날씨가 어땠으면 좋겠다고 **pray**하곤 해요. 비가 내리지 않아 가뭄이 들거나 반대로 너무 많이 내려 홍수가 나면 우린 큰 불편을 겪게 돼요. 날씨에 따라 기분이 변하기도 하고, 미리 계획했던 중요한 일이 날씨 때문에 취소되기도 하지요. 요즘은 과학의 발달로 날씨를 미리 알고 적절히 대비할 수 있지만, 옛날엔 그러지 못했어요. **옛날 사람들은 내일 날씨가 좋을지, 아니면 나쁠지 전혀 알 수 없었죠.**

SEE THE NEXT PAGE! »

1   밑줄 친 pray에 해당하는 우리말을 고르세요.

① 간절히 바라다   ② 의식을 행하다   ③ 생각하다

2   굵게 표시한 부분과 일치하도록 아래 빈칸에 적절한 단어를 쓰세요.

> They had no idea _____ the weather would be good or bad the next day.

교과서 지식 Bank

중2 과학 - 가뭄 피해

가뭄은 천천히 발생하고 장기간에 걸쳐 피해를 주며, 다른 자연재해에 비해 피해 범위가 넓은 것이 특징이에요. 가뭄으로 인한 재해는 위도 10°~15° 사이의 사막 주변 지역에서 주로 발생하는데, 아프리카 사헬 지역에서는 1970년대와 1980년대에 발생한 가뭄으로 식량 및 식수 부족, 전염병 발생 등으로 수백만 명이 사망하기도 했어요.

Have you ever heard of a frog wedding? This actually happened in India! Hindus believed that there was a rain god. They thought that when a frog marriage was held, the god was pleased and would bring rain. After the weddings, the frogs were returned to their lake. No one knows whether the couples stayed together.

The Japanese have practiced a custom called "Teru Teru Bozu" to wish for sunny weather since ancient times. They make a doll out of paper or white cloth to wish for good weather. This doll is usually hung in a window, but they don't draw a face on it before hanging it up. If the weather is good the next day, they draw a face to thank the doll and release it into a river. But if the weather is bad, they don't draw a face and just throw it away.

The Native Americans also have a traditional custom to pray for rain. (①) To do it, they must first find a dirty place. (②) The turtle should have a head, four legs, and a shell. (③) The turtle must face west. Otherwise, rain won't come. (④) Then they place the stick in the turtle's back. (⑤) Afterward, they sing and dance together around the stick and turtle. They believe the turtle will help to bring rain after this ceremony.

*Hindu 힌두교도

🔍 **독해가 더 쉬워지는 Tip** ···

whether : ① ~인지 어떤지 ② ~이든 (아니든)

She wasn't sure **whether** her parents would visit her on the weekend.
(그녀는 그녀의 부모님이 주말에 방문**하실지** 확실하지 않았다.)

I must finish it by this Sunday **whether** I like it or not.
(내가 그것을 좋아**하든 아니든** 나는 그것을 이번 주 일요일까지 끝내야만 한다.)

make A out of B : B로 A를 만들다

Her hobby is **making dishes out of clay**.
(그녀의 취미는 찰흙으로 접시를 만드는 것이다.)

1 **Which of the following is the best topic of the passage?**

① the efforts to protect customs

② the customs related to weather in other countries

③ the reason why customs to bring rain are practiced

④ the importance of keeping traditions and customs

⑤ the myths about weather in other countries

2 **Which of the following is NOT mentioned in the passage?**

① why a frog wedding was practiced in India

② the name of the Japanese custom for rain

③ what the Japanese do with the doll when the weather is bad

④ where the Native Americans practice a custom to bring rain

⑤ the direction the Native Americans' turtle faces

3 **What do the Japanese do with the doll when the weather is good the next day? Use the words from the passage.**

_____ .

4 **Where would the following sentence best fit?**

There, they draw a turtle using a wooden stick.

①   ②   ③   ④   ⑤

5 **Which set of words best fits in the blanks (A) and (B) according to the passage?**

_____(A)_____ customs are practiced around the world in the _____(B)_____ of bringing the weather people want.

	(A)		(B)
①	Scientific	⋯⋯	belief
②	Similar	⋯⋯	absence
③	Popular	⋯⋯	doubt
④	Traditional	⋯⋯	middle
⑤	Different	⋯⋯	hope

actually 사실은, 실제로 / marriage 결혼 / be held (회의·시합 등이) 열리다, 개최되다 / pleased 좋아하는, 기뻐하는 / ancient 고대의 / make A out of B B로 A를 만들다 / hang 걸다, 매달다 / face (사람·건물이) 향하다, 마주하다 / throw A away A를 버리다 / Native American 북미 원주민 / traditional 전통적인 / place 두다, 놓다 / afterward 그 후에 / ceremony 식, 의식

선택지 어휘 1 effort 노력 / related to ~와 관련 있는 / myth 미신 4 wooden 나무로 된, 목재의 5 scientific 과학적인 / absence 부재, 없음, 결핍

02 쓰레기의 변신

교육부 지정 중학 필수 어휘 🎧

정답 및 해설 p.14

devote	동 바치다, ~에 헌신하다	
assemble	동 1. 모으다, 집합하다 2. 모이다	
combine	동 합치다, 결합하다	
fascinate	동 마음을 사로잡다, 매료하다	
insect	명 곤충	
reply	동 대답하다 명 1. 대답 2. 답장	
damage	명 손상, 피해 동 손상을 주다, 피해를 입히다	

아래 해석을 참고하여 다음 각 빈칸에 적절한 단어를 위의 목록에서 골라 쓰세요. (동사의 시제와 명사의 수에 유의)

1 The artist _____ two different colors and made a new color.

2 The student raised his hand and _____ to the teacher's question.

3 The _____ from the accident was very bad.

4 She caught an _____, and it turned out to be a fly.

5 The school principal _____ all the teachers for a meeting this morning.

6 She _____ her life to helping children in poor countries until she died.

7 The Tango _____ me. I just loved dancing the tango.

해석 1 그 화가는 두 가지의 다른 색을 합쳤고 새로운 색을 만들었다. 2 그 학생은 손을 들었고 선생님의 질문에 대답했다. 3 그 사고의 피해는 무척 심각했다. 4 그녀는 곤충을 잡았고 알고 보니 그건 파리였다. 5 그 학교 교장 선생님은 오늘 아침에 모든 선생님을 회의로 모으셨다. 6 그녀는 죽을 때까지 자신의 인생을 가난한 나라의 아이들을 돕는 데 바쳤다. 7 탱고는 나를 매료시켰다. 나는 탱고를 추는 것이 정말 좋았다.

　　우리가 매일 버리는 쓰레기의 양은 정말 어마어마하죠. 얼마 전 미국의 한 TV 프로그램에서는 쓰레기 없는 삶을 사는 한 가족이 소개되었어요. 캘리포니아 주에 사는 베아 존슨(Bea Johnson) 가족이 그 주인공이었는데요, 쓰레기 배출량을 줄이기 위해 생활 습관을 바꾸었고, 그 결과 1년 뒤 그들이 배출한 쓰레기는 모두 합쳐 딸기잼 한 병 분량밖에 되지 않았다고 해요.

　　전 세계적으로 매년 천문학적인 액수의 쓰레기 처리비용이 발생하곤 해요. 비용 문제 외에도, 쓰레기들이 환경에 미치는 영향 또한 심각한 수준이에요. 그런데 골칫덩이일 것만 같은 쓰레기로 우리를 fascinate시킬 수 있는 좋은 방법이 있다고 해요.

SEE THE NEXT PAGE! »

1　밑줄 친 fascinate에 해당하는 우리말을 고르세요.

　　① 피해를 입히다　　② 바치다　　③ 매료하다　　④ 웃게 하다

2　이 글의 내용과 일치하면 T, 그렇지 않으면 F를 쓰세요.

　　(1) 베아 존슨은 쓰레기의 양을 줄일 수 있었다.　　————

　　(2) 쓰레기는 비용 문제, 환경오염 등 다양한 문제가 된다.　　————

　　(3) 방치된 쓰레기를 활용할 수 있는 방법은 없다.　　————

교과서 지식 Bank

중학 사회2 – 페트(PET)병 분해 기술

일상생활에서 많이 쓰이는 페트(PET)병은 자연 상태에서 분해되는 것이 거의 불가능하다고 해요. 그래서 이를 처리하는 방법으로는 보이지 않게 땅에 묻어버리거나 태워서 없애는 것뿐이랍니다. 그런데 최근 미생물을 이용해서 페트병을 분해할 수 있을 뿐 아니라 만들 수도 있는 기술이 발견되어서 친환경적인 페트병으로 거듭날 수 있게 되었다고 해요.

Some artists choose to <u>devote their art to solving</u> problems in society or on the planet. (①) Artur Bordalo is one of them. He is an artist in Lisbon, Portugal, who creates artworks with trash. (②) To make his wonderful art, he <u>assembles</u> cans, car tires, wood, computer parts, and broken machines from factories and dirty places around town. (③) He then gets to work by <u>combining</u> them and painting them with bright colors. However, <u>this is not all that makes him popular around the world</u>. One more point that <u>fascinates</u> us about his art is that most of his works are animals or <u>insects</u>. (④) When he was asked why, he <u>replied</u> that he wanted to draw attention to the <u>damage</u> to animals and insects from waste production. He creates animals with the materials that are responsible for their deaths. His works are becoming more and more popular because they not only decorate the city landscape but also send us a heavy message about the environment. (⑤)

🔍 **독해가 더 쉬워지는 Tip** ••

devote A to (동)명사 : ~을 위해 A를 바치다, 전념하다

My aunt **devotes most of his time to creating** new dishes.
(우리 고모는 새로운 요리를 **개발하는 데** 대부분의 시간을 바치신다.)

To become a doctor, my little brother decided to **devote himself to studying**.
(의사가 되기 위해, 내 남동생은 **공부하는 데 전념하기로** 결심했다.)

1 **Which of the following is the best title of the passage?**

① A Very Talented Artist

② A Beautiful Symbol of Nature

③ The Serious Problems of Waste

④ An Artist Who Turns Trash into Artworks

⑤ The Impact of Humans on the Environment

2 **Which of the following is NOT true according to the passage?**

① Artur is an artist who lives in Portugal.

② Artur collects trash to make artworks.

③ Artur paints his artworks with dark colors to warn people.

④ Artur's works are animals made from the materials that kill them.

⑤ Artur's works are getting more and more famous.

3 **What does the underlined sentence mean?**

(a) There's only one reason that makes him popular.

(b) There are more reasons that make him popular.

(c) He is not popular at all around the world.

4 **Where would the following sentence best fit?**

> He has created a penguin, a rabbit, a grasshopper, a raccoon, a ladybug, and many other species that we see around us.

①　　　　②　　　　③　　　　④　　　　⑤

5 **Find the word in the passage which has the given meanings.**

> ⓐ harm or injury that makes something less useful or valuable
> ⓑ to harm or injure

---

society 사회 / artwork 예술품 / responsible 책임이 있는 / decorate 장식하다, 꾸미다 / landscape 풍경
선택지 어휘 1 talented 재능이 있는 / serious 심각한 / impact 영향　4 grasshopper 메뚜기 / racoon 라쿤, 미국너구리 / ladybug 무당벌레

교육부 지정 중학 필수 어휘 🎧

정답 및 해설 p.16

potential	형 **가능성이 있는, 잠재적인**
	명 가능성, 잠재력
lift	동 1. (위로) 올리다, 들어 올리다 2. **들리다, 올라가다**
tip	명 1. (뾰족한) **끝, 끝 부분** 2. (실용적인, 작은) 조언
serious	형 1. **중대한, 심각한** 2. 진심의, 진담의
moreover	부 게다가, 더욱이
whereas	접 ~에 반하여, 그런데
above	전 ~보다 위에, ~보다 높은
	※ **above all** 무엇보다도, 특히
position	명 1. **위치** 2. 자세 3. 입장, 태도
	동 특정한 장소에 두다, 배치하다

아래 해석을 참고하여 다음 각 빈칸에 적절한 단어를 위의 목록에서 골라 쓰세요. (동사의 시제와 명사의 수에 유의)

1　　Air pollution is more ＿＿＿＿＿＿＿＿ in Seoul than in Jeju.

2　　The day was cold, and ＿＿＿＿＿＿＿＿, it was raining.

3　　Touch the screen with the ＿＿＿＿＿＿＿＿ of your finger.

4　　The shop owner sent ＿＿＿＿＿＿＿＿ customers discount coupons so they would visit her shop.

5　　We watched the balloon ＿＿＿＿＿＿＿＿ slowly into the air.

6　　Place the vase in a stable ＿＿＿＿＿＿＿＿ so it doesn't fall.

7　　＿＿＿＿＿＿＿＿ all, I'd like to thank my family for their help and support.

8　　Some people think drinking tap water is safe, ＿＿＿＿＿＿＿＿ others don't.

해석 **1** 서울의 대기 오염은 제주보다 더 심각하다. **2** 그 날은 추웠고, 게다가 비도 내리고 있었다. **3** 너의 손끝으로 화면을 건드려라. **4** 그 가게 주인은 자신의 가게를 방문하도록 잠재 고객들에게 할인 쿠폰을 보냈다. **5** 우리는 풍선이 공중으로 천천히 올라가는 것을 보았다. **6** 그 꽃병이 떨어지지 않게 안정된 위치에 두어라. **7** 무엇보다도, 저는 가족들의 도움과 지지에 감사드리고 싶습니다. **8** 어떤 사람들은 수돗물을 마시는 것이 안전하다고 생각하는 반면에 다른 사람들을 그렇지 않다.

여러분은 거리를 걸을 때 땅바닥에도 주의를 집중하며 걷나요? 보통의 경우 그렇지 않을 텐데요. 그렇다면 여기서 질문 하나! 지하에 설치된 수도관이나 전력선 등을 점검하기 위해 사람이 들어갈 수 있도록 만든 구멍을 맨홀(manhole)이라고 하는데요, 거의 모든 맨홀 뚜껑은 둥근 모양이에

요. 물론 모든 맨홀이 원형으로 되어있는 건 아니에요. 정사각형 모양의 맨홀도 간간이 볼 수 있어요. 하지만 대부분의 맨홀은 원형으로 되어있어요. 그 이유는 무엇일까요? 그건 단지 원이 가진 성질 때문이에요. <u>tip</u>이 없이 둥근 모양에, 어느 지점에서든 지름이 같기 때문이죠.

SEE THE NEXT PAGE! »

1　굵게 표시한 부분과 일치하도록 아래 단어를 알맞게 배열하여 문장을 완성하세요.

Of course, not all manholes are circles. You _____
_____ sometimes. (square / find / manholes / can)

2　밑줄 친 <u>tip</u>에 해당하는 우리말을 쓰세요.

_____

교과서 지식 Bank

중3 수학 - 원의 성질

원은 한 정점 O에서 같은 거리에 있는 점의 모임이에요. 이 정점을 원의 중심이라고 하며, 중심에서 원주 위의 한 점까지의 거리가 반지름의 길이입니다. 한 원에서 반지름의 길이는 일정하며, 반지름의 길이가 같은 원들은 서로 합동이에요.

Why is a circle selected of all potential shapes for manholes? There are several reasons. First of all, people working in manholes can easily go into and come out of them because circles don't have corners. It is safer for cars as well. When a car runs over a manhole, it causes the cover to lift a little bit.

5 If the cover is a different shape, such as a triangle or a square, the tip of the cover may damage the tire. This might lead to a serious accident. Moreover, round covers are easy to move from place to place. They can simply be rolled to places, whereas other shapes cannot. Workers would have to carry heavy covers on their own. But, above all, the biggest reason is that round covers

10 can't fall through a hole. They don't fall into the hole because the diameter is always the same in any position. _____, different shapes have longer diagonal lines than their sides. This means that covers of other shapes could fall into the hole if they aren't placed right.

*diameter 지름

**diagonal 대각선의

🔍 독해가 더 쉬워지는 Tip

cause + 목적어 + to + 동사원형: ~가 …하도록 하다[야기하다]

The strong winds **caused trees to break** and **fall down**.
(강한 바람은 **나무들이 부러지고 쓰러지게 하였다**.)

Increasing temperatures are **causing the Earth's sea level to rise**.
(기온이 올라가는 것은 **지구의 해수면이 상승하도록 한다**.)

1   **Which of the following is the best title of the passage?**

① The Function of Manholes

② Different Shapes of Manholes

③ A Potential Danger of Round Manholes

④ Why Are Manhole Covers Round?

⑤ What Do Workers Do in Round Manholes?

2   **Which of the following best fits in the blank?**

① Therefore   ② In addition   ③ On the other hand

④ For example   ⑤ Otherwise

3   **Find the word in the passage which has the given meaning.**

possible or likely in the future

_____

4   **Complete the summary with the words from the passage.**

Manholes are shaped like circles for many reasons. They are
___(A)___ for workers and cars than any other shape. Also, it is
___(B)___ for workers to move the heavy covers. Lastly, manholes
shaped like circles don't easily ___(C)___ the hole.

(A): _____   (B): _____   (C): _____

select ~을 고르다, 선택하다 / manhole 맨홀 / several 몇몇의 / easily 쉽게 / cause 유발하다, 야기하다 / triangle 삼각형 / square 정사각형
/ damage 손상[피해]을 입히다 / tire 타이어 / lead to ~로 이끌다 / simply 단지, 단순하게 / place 놓다, 두다
선택지 어휘 1 function 기능, 작용

04

탄금대와 신립 장군

교육부 지정 중학 필수 어휘 🎧

정답 및 해설 p.18

reject	동 거부하다, 거절하다
proposal	명 1. 제안, 제의 2. **청혼**
embarrassed	형 **창피한, 당황한**
spirit	명 1. 정신, 마음 2. (육체를 떠난) **영혼, 유령** 3. 활기, 용기
warn	동 경고하다, 조심시키다
doubt	명 의심, 불신 동 의심하다, 수상히 여기다
invade	동 1. **침입하다, 침략하다** 2. (권리 등을) 침해하다
cliff	명 (특히 해안의) **낭떠러지, 절벽**
disagree	동 동의하지 않다, 의견이 다르다

아래 해석을 참고하여 다음 각 빈칸에 적절한 단어를 위의 목록에서 골라 쓰세요. (동사의 시제와 명사의 수에 유의)

1   I _____ if it is his first time playing baseball. He is so good at it!

2   If you fall down in front of your audience, you will feel _____.

3   She believed that the butterfly was her dad's _____ to visit her.

4   He offered to help me, but I _____ it. I can do it by myself.

5   It is very dangerous to stand near the edge of a _____.

6   I have different opinions from them. I _____ with their ideas.

7   The German army _____ Poland in 1939.

8   He was happy that his girlfriend said yes to his _____.

9   He _____ his son about the snowstorm. He said, "Don't go outside."

해석 1 나는 그가 처음 야구를 한다는 것이 의심스러워. 정말 잘하는걸! 2 청중들 앞에서 넘어진다면 당신은 매우 당황스러울 것이다. 3 그녀는 그 나비가 자신을 방문하러 온 아버지의 영혼이라고 믿었다. 4 그는 나를 도와주겠다고 제안했지만 나는 그 제안을 거절했다. 나는 그것을 혼자서도 할 수 있다. 5 절벽의 가장자리 근처에 서 있는 것은 굉장히 위험하다. 6 나는 그들과 다른 의견을 가지고 있어. 나는 그들의 생각에 동의하지 않아. 7 독일군은 폴란드를 1939년에 침공했다. 8 그는 자기 여자 친구가 자신의 청혼을 받아들여서 기뻤다. 9 그는 아들에게 눈보라에 대해 경고했다. 그는 "밖에 나가지 마."라고 말했다.

1592년 임진왜란이 일어났을 때, 조선은 전쟁 대비가 되어 있지 않았어요. 신립(Shin Rip) 장군에게 군사를 주며 당황한 **조선의 조정은 그에게 일본 군대를 막으라고 명령했어요.** 신립 장군은 일본 군대에 말이 없으니 넓은 들로 끌어들여 말을 탄 병사들이 공격하면 쉽게 이길 수 있을 것이며, 강을 등지고 싸워야 일본 군사들이 도망가지 못할 거라고 생각했어요. 그래서 많은 장수들의 반대에도 불구하고 남한강으로 나갔지요. 하지만 이것은 큰 실수였어요. 일본군은 조총을 가지고 있었는데, 넓은 들판에서 조선의 군대는 조총을 피하지 못해 쓰러져갔고, 뒤에 있는 강 때문에 후퇴도 할 수 없었어요. 결국 신립과 조선의 군인들은 탄금대(Tangeumdae)까지 쫓겨 가 그 절벽에서 떨어져 죽었답니다. 위대한 장군이 너무 허망하게 전쟁에서 졌기 때문인지, 탄금대에는 신립에 관한 전설이 있어요.

SEE THE NEXT PAGE! »

1　굵게 표시한 부분과 일치하도록 아래 단어를 알맞게 배열하여 문장을 완성하세요.

> The royal government of Joseon _____
> the Japanese army. (him / stop / to / ordered)

2　이 글의 내용과 일치하도록 아래 빈칸에 들어갈 단어를 고르세요.

> Shin Rip pushed for his idea to go to the South Han River even though other generals _____. In the end, it turned out to be a bad idea.

① rejected　　　② invaded　　　③ disagreed　　　④ embarrassed

교과서 지식 Bank

중학 역사1 - 임진왜란

1592년, 일본은 명을 치러 가는 길을 열어달라는 이유를 대고 조선을 침략했어요. 전국 각지에서 유생, 승려, 농민들이 의병을 조직해 일본군과 맞서 싸웠고, 육지에서는 조·명 연합군이, 바다에서는 이순신이 이끄는 수군이 일본군과 싸웠어요. 그러던 중, 도요토미 히데요시가 사망하자 일본군은 철수하기 시작했고, 이때 이순신이 노량에서 승리를 거두면서 7년에 걸친 전쟁이 끝났답니다.

When Shin Rip was young, he went to the mountains to hunt. He went very deep into the mountains and looked for animals. But instead, there he saw a thief trying to capture a woman. Shin fought the thief and saved her. The woman was so thankful that she asked Shin to marry her, but Shin
5   rejected the proposal. She felt very embarrassed because of this and killed herself in the end.

After her death, her spirit wandered around. Before Shin Rip's battles, the spirit would show up in front of Shin and warn him. She would tell him exactly how to win any battle. Shin doubted her at first, but her advice
10 actually worked. So, he began to trust her.

When the Japanese army invaded Joseon, Shin again prepared to fight. As usual, the ghost came to Shin and gave him advice. This time she told him to go to a cliff called Tangeumdae. Everyone disagreed with the idea, but Shin _____ what the spirit had told him. Actually,
15 Tangeumdae was a terrible place to fight the Japanese army. People say that the woman wanted revenge on Shin for rejecting her proposal, so she made him lose the battle.

*revenge 복수

🔍 독해가 더 쉬워지는 **Tip** ●●

so + 형용사/부사 + that + 주어 + 동사: 너무 ~해서 …하다

The city was **so dirty that nobody came** to visit.
(그 도시는 **너무 더러워서 아무도** 방문하지 않았다.)

She finished her work **so quickly that her boss was** surprised.
(그녀가 일을 **너무 빨리** 끝내서 **그녀의 사장이 깜짝** 놀랐다.)

1 **Which of the following is the best title of the passage?**

① A Woman Who Saved Shin Rip

② The Greatest Soldier from Tanguemdae

③ What Caused the War between Joseon and Japan?

④ Why Shin Rip Chose Tanguemdae for His Battle

⑤ How Could Shin Rip Win Every Battle?

2 **Which of the following is NOT true according to the passage?**

① Shin Rip saved a woman's life while hunting in the mountains.

② The woman wanted to marry Shin Rip, but he rejected her.

③ Shin Rip doubted the spirit because her plan didn't work at first.

④ Shin Rip lost the battle against the Japanese at Tangeumdae.

⑤ The spirit told Shin Rip how to win battles except for the last one.

3 **What does the underlined "the idea" refer to in the third paragraph?**
Write the answer in Korean.

4 **Which of the following best fits in the blank?**

① rejected   ② trusted   ③ ignored

④ saved   ⑤ doubted

5 **Which of the following CAN be answered from the passage?**

① What is the exact location of Tangeumdae?

② Why did Shin Rip reject the woman's proposal?

③ How many times did the spirit appear to give advice?

④ What weapons did Shin Rip have in the Japanese war?

⑤ Why did the woman ask Shin Rip to marry her?

instead 대신에 / thief 도둑, 절도범 / capture 붙잡다, 포획하다 / thankful 감사하는, 고맙게 여기는 / kill oneself 자살하다 / in the end 마침내, 결국 / wander 돌아다니다, 헤매다 / show up 나타나다 / exactly 정확하게 / trust 신뢰하다, 믿다 / prepare 준비하다, 준비시키다 / as usual 평상시처럼 / terrible 끔찍한
선택지 어휘 2 except for ~을 제외하고 4 ignore 무시하다 5 location 장소 / weapon 무기

Chapter 03

교과 과정 연계

What to Learn

세계 4대 문명인 메소포타미아, 이집트, 인더스, 황하 문명의 공통점에 대해 자세히 읽어봅시다.

우리나라의 추석과 비슷한 미국의 추수감사절은 어떻게 시작되었을까요?

사춘기에 나타나는 특징 중 하나인 여드름은 왜 생기는 걸까요? 여드름에 관련된 잘못된 믿음들에 대해 알아볼까요?

참석자들 모두가 동등한 입장에서 하는 회의 '원탁회의'는 언제부터 시작이 되었을까요?

독해가 더 쉬워지는 Tip

lead + 목적어 + to 동사원형

Every cloud has a silver lining
more than enough

allow + 목적어 + to + 동사원형

get into

01 문명의 시작

교육부 지정 중학 필수 어휘 🎧

정답 및 해설 p.21

name	명 이름, 명칭 동 명명하다, ~에(게) 이름을 짓다
evolve	동 1. 《생물》 진화하다 2. 서서히 발달하다
essential	형 반드시 필요한, 가장 중요한, 본질적인
primary	형 1. (순위·관심 따위가) 첫째의, 제1위의 2. 초기의, 근본적인 3. (중요성 등이) **주요한, 주된**
crop	명 농작물, 수확물
extra	형 여분의, 추가의
construction	명 1. 건설, 공사 2. 구조, 구성
fuel	명 연료 동 1. 연료를 공급하다 2. **촉진하다, 부채질하다**

아래 해석을 참고하여 다음 각 빈칸에 적절한 단어를 위의 목록에서 골라 쓰세요. (동사의 시제와 명사의 수에 유의)

1 Do you have a(n) _____ pencil? Can I borrow one?

2 As a scientist, he played a(n) _____ role in developing a new medicine.

3 The typhoon resulted in a poor harvest of _____ this year.

4 Water is a(n) _____ resource to human beings.

5 The plans _____ after weeks of discussion.

6 The news _____ discussion on how to save animals in danger.

7 The workers are working hard to finish the _____. It needs to be done soon.

8 He _____ his dog "Cloud" just because it was white.

해석 **1** 너는 여분의 연필이 있니? 하나 빌릴 수 있을까? **2** 과학자로서, 그는 신약 개발에 주요한 역할을 했다. **3** 태풍으로 올해 농작물의 수확량이 많지 않았다. **4** 물은 인간에게 필수적인 자원이다. **5** 그 계획은 몇 주간의 토론 끝에 진전되었다. **6** 그 뉴스는 위험에 처한 동물들을 구하는 방안에 대한 논의를 촉진했다. **7** 작업자들은 공사를 끝내기 위해 열심히 일하고 있다. 그것은 곧 완료되어야 한다. **8** 그는 단지 하얗다는 이유로 자신의 강아지에게 '구름'이라는 이름을 지어주었다.

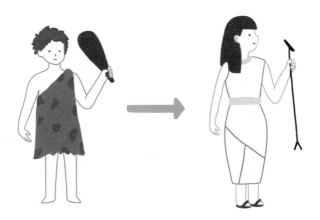

'우리는 문명(civilization)의 혜택을 누리고 있다.'라든가 '인류는 물질문명에 익숙해져 있다.'라는 말을 많이 들어봤을 거예요. 이처럼 '문명'이라는 단어는 우리가 의식하지 않아도 실생활에서 자주 접하게 되는 말인데요. **여러분은 문명이 정확히 무엇인지 알고 있나요?** 문명은 '인간의 지혜로 자연적 제약을 극복하여 무리를 이루어 살면서 사회가 물질적·사회적으로 <u>evolve</u>한 상태'를 말해요. 메소포타미아(Mesopotamia) 문명, 이집트(Egypt) 문명, 인더스(Indus) 문명, 황하(the Yellow River) 문명을 세계 4대 문명이라고 하죠.

SEE THE NEXT PAGE! »

1 굵게 표시한 부분의 내용과 일치하도록 아래 단어를 알맞게 배열하여 문장을 완성하세요.

_____ exactly?

(know / do / civilization / you / is / what)

2 밑줄 친 evolve에 해당하는 우리말을 고르세요.

① 생존하다   ② 유지하다   ③ 발달하다   ④ 불평하다

교과서 지식 Bank

중학 역사1 - 마야 문명

세계 4대 문명 외에도 많은 문명이 있었는데요, 그중에서도 사회적, 학문적, 기술적 그리고 예술적인 부분에서 가장 뛰어나다고 평가되는 문명 중 하나가 바로 중앙아메리카의 마야 문명이랍니다. 마야 문명은 특히 수학과 천문학 분야의 수준이 월등했던 것으로 유명한데요. 마야 문명의 사람들은 0의 개념에 대해서 알았을 뿐 아니라 1년이 365.2420일로 이루어져 있음을 밝혀냈다고 해요.

The first great civilizations all grew up near rivers. Mesopotamia was one of them, whose name means "land between the rivers." It was named because it started along the Tigris and Euphrates rivers in the Middle East. Another was the civilization of Ancient Egypt. It evolved near the Nile River, the

5 second longest river in the world. The third civilization appeared in India, and it began along the Indus River in India. The fourth developed in China. It started along the Yellow River.

Why did these civilizations all grow up near rivers? Why were rivers so essential to develop into a civilization? (①) Rivers were their primary

10 source of water. (②) With the water from the rivers, they could produce more crops than they needed. (③) This extra food led people to gather and build a community. (④) Living in a community, they could engage in different forms of work in other areas, such as trading, construction of buildings, or metal working. (⑤) Rivers also allowed easier travel, fueling

15 the interaction between cities. This made it possible to build big cities, and later, great civilizations as well.

🔍 **독해가 더 쉬워지는 Tip** ••

lead + 목적어 + to + 동사원형: ~가 …하게 하다[이끌다]

The company's new commercial **led consumers to buy** more of its products.
(그 회사의 새 광고는 **소비자들이** 그것의 제품을 더 많이 **구매하게 했다**.)

The boy was scared after he broke the vase. Fear **led him to lie**.
(그 남자아이는 꽃병을 깨뜨린 후 무서웠다. 두려움은 **그가 거짓말을 하게 했다**.)

1 **Which of the following is the best topic of the passage?**

① the result of civilization on human life

② the ancient history of the world's rivers

③ why humans need water to live

④ when the four ancient civilizations developed

⑤ why the first civilizations started near rivers

2 **Which of the following is NOT mentioned in the passage?**

① the meaning of "Mesopotamia"

② what the second longest river in the world is

③ what the four early great civilizations were

④ how people constructed big cities in the past

⑤ what people could do with the water from rivers

3 **Where would the following sentence best fit?**

> Humans needed water to farm their lands, and rivers gave them plenty of it.

①   ②   ③   ④   ⑤

4 **Complete the sentence with the best set of words for (A) and (B).**

> Rivers not only connected cities but also ____(A)____ water for farming lands, which eventually ____(B)____ more food and jobs.

	(A)		(B)
①	provided	⋯⋯	produced
②	dried	⋯⋯	needed
③	needed	⋯⋯	saved
④	named	⋯⋯	used
⑤	evolved	⋯⋯	increased

civilization 문명 / appear 나타나다 / develop 발달하다 / source 원천, 근원 / produce 생산하다, 산출하다 / lead ~하게 하다[이끌다] / gather 모이다, 집결하다 / community 공동 사회, 공동체 / engage in ~에 참여하다 / trading 무역, 교역 / metal working 금속 가공 / allow ~하게 하다[두다] / interaction 상호 작용
선택지 어휘 **3** farm (토지를) 경작하다 / plenty of 많은 **4** not only A but also B A뿐만 아니라 B도 / eventually 결국

교육부 지정 중학 필수 어휘 🎧

정답 및 해설 p.23

sail	동 항해하다 명 1. 돛 2. 항해, 요트타기	
awful	형 끔찍한, 지독한	
freezing	형 너무나 추운	
native	명 현지인, 원주민 형 태어난 곳의, 토박이의	
explorer	명 탐험가	
fortunate	형 운 좋은, 다행인	
survive	동 살아남다, 생존하다	
grateful	형 고마워하는, 감사하는	

아래 해석을 참고하여 다음 각 빈칸에 적절한 단어를 위의 목록에서 골라 쓰세요. (동사의 시제와 명사의 수에 유의)

1 The _____ wanted to find treasure on the mountain.

2 The student felt _____ to her teacher. So, she wrote a thank-you letter.

3 She is a(n) _____ of Hawaii. She was born there.

4 The ship _____ in the ocean for a month before it reached land.

5 I was _____ to meet a good teacher.

6 She had a(n) _____ cold. She went to the hospital, but it didn't get any better.

7 He _____ a terrible accident. He was very lucky.

8 The _____ weather made everyone wear coats.

해석 1 그 탐험가는 산에서 보물을 찾고 싶어 했다. 2 그 학생은 선생님에게 감사했다. 그래서 그녀는 감사 편지를 썼다. 3 그녀는 하와이 현지인이다. 그녀는 그곳에서 태어났다. 4 배는 육지에 도착하기 전에 한 달 동안 바다를 항해했다. 5 내가 좋은 선생님을 만난 것은 운이 좋았다. 6 그녀는 지독한 감기에 걸렸다. 그녀는 병원에 갔지만, 전혀 나아지지 않았다. 7 그는 끔찍한 사고에서 살아남았다. 그는 운이 매우 좋았다. 8 너무나 추운 날씨로 인해 모두 코트를 입었다.

미국은 매년 11월 넷째 주 목요일을 추수감사절(Thanksgiving Day)로 기념해요. 1789년 조지 워싱턴(George Washington) 대통령에 의해 국가기념일로 선포되었지요. 추수감사절은 우리의 추석과 비슷한 점이 있어요. 보통 그 다음날인 금요일에도 쉬기 때문에 4일의 연휴를 즐기는 셈이고, 우리가 추석에 송편을 먹듯이 추수감사절에는 칠면조 고기, 크랜베리 소스, 으깬 감자, 그리고 호박파이 등 특별히 즐기는 음식이 있어요. 추수감사절 전통은 공휴일로 지정된 때보다 훨씬 앞선 1621년에 시작되었어요. 첫 추수감사절을 지낸 사람들은 필그림(the Pilgrims)인데, 그들은 1620년 종교적 자유를 찾아 영국을 떠나 <u>sail</u>하다가 미국에 도착한 사람들이었어요.

SEE THE NEXT PAGE! »

1 밑줄 친 sail에 해당하는 우리말을 고르세요.

① 살아남다　　　② 고생하다　　　③ 항해하다

2 이 글의 내용과 일치하면 T, 그렇지 않으면 F를 쓰세요.

(1) 추수감사절은 매년 11월 넷째 주 금요일이다. _____

(2) 조지 워싱턴 대통령이 추수감사절을 국가기념일로 지정했다. _____

(3) 필그림은 종교적 이유로 영국을 떠난 사람들이다. _____

교과서 지식 Bank

중학 사회2 - 필그림(the Pilgrims)의 이주

영국의 왕이었던 제임스 1세와 그의 아들인 찰스 1세는 왕의 권리는 신으로부터 받은 절대적인 것으로 생각해 백성들에게 국교를 강제로 믿게 했어요. 그래서 몇몇 사람들은 종교의 자유를 찾아 메이플라워호(Mayflower)를 타고 신대륙인 아메리카로 향했답니다. 그들은 지금의 보스턴 근처에 플리머스(Plymouth) 식민지를 건설했는데, 이것은 자신들이 출발했던 곳, 영국의 플리머스(Plymouth)를 기념해 지은 이름이라고 해요.

The Pilgrims sailed to America and arrived in Plymouth, Massachusetts, in 1620. However, an awful winter was waiting for them when ⓐ they reached land. It was freezing, and about half of them died in the first year. They thought that ⓑ they would all die. But, every cloud has a silver lining. One

5 day, a Native American man came to them. He could speak English because he had once worked with a British explorer! It was such a fortunate thing that happened to ⓒ them. He was a Native American of the Wampanoags, a Native American tribe that lived in the area. He asked for help from his tribe, and the Wampanoags taught the Pilgrims how to plant corn and other

10 crops. Thanks to ⓓ their help, the Pilgrims could survive through the winter. A year later, they could produce more than enough crops to harvest. The Pilgrims were so grateful. Without the Wampanoags, ⓔ they couldn't survive in the new land. So, they invited the Native Americans to dinner to give them thanks for their help. This was the first Thanksgiving Day in America.

*Pilgrim 《1620년에 메이플라워호를 타고 미국으로 간 영국인》

**Plymouth 플리머스 《미국 매사추세츠주의 항구》

***Wampanoag 왐파노아그인 《북미 원주민의 일족》

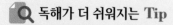 독해가 더 쉬워지는 **Tip**

Every cloud has a silver lining : 괴로움이 있으면 즐거움도 있다

Every cloud has a silver lining. Cheer up and be positive!
(괴로움이 있으면 즐거움도 있는 것이다. 힘내고 긍정적으로 생각해라!)

more than enough : 너무 많은, 충분한

After 10 hours of studying, I felt I'd studied **more than enough**.
(10시간 동안 공부를 한 뒤, 나는 **충분히** 공부했다고 느꼈다.)

1 **Which of the following is the best topic of the passage?**

① the tough journey to Plymouth from England
② the friendship between an explorer and a Wampanoag
③ why the Wampanoags started Thanksgiving Day
④ why the Wampanoags helped the Pilgrims
⑤ how Thanksgiving Day began with the Pilgrims

2 **Which of the following is NOT true according to the passage?**

① 플리머스의 겨울은 무척 추웠다.
② 필그림들의 절반이 육지에 도착한 첫 해에 죽었다.
③ 필그림들 중 한 명은 원주민의 언어로 말할 수 있었다.
④ 왐파노아그인들이 필그림들에게 농사법을 가르쳐주었다.
⑤ 필그림들은 원주민들에게 감사의 표시를 하고 싶었다.

3 **Which of the following is different among the underlined ⓐ ~ ⓔ?**

① ⓐ   ② ⓑ   ③ ⓒ   ④ ⓓ   ⑤ ⓔ

4 **How could the Native American man speak English? Use the words from the passage.**

Because _____.

5 **Find the word in the passage which has the given meanings.**

ⓐ a person who was born in a particular country or region
ⓑ living in a particular city or country since a person was born

_____

Massachusetts 매사추세츠 《미국 북동부의 주》 / **reach** 닿다, 도착하다 / **silver lining** 구름의 흰 가장자리 / **tribe** 종족, 부족 / **crop** 작물 /
thanks to ~ 덕분에 / **produce** 생산하다 / **harvest** 수확하다
선택지 어휘 **1 journey** 여정

CHAPTER 03 **55**

교육부 지정 중학 필수 어휘 🎧

정답 및 해설 p.25

myth	명 1. 신화 2. 근거 없는 믿음
pop	명 1. 팝(뮤직) 2. 펑[빵] (하고 터지는 소리) 동 1. 펑[빵] 하는 소리가 나다[소리를 내다] 　　2. 펑[빵] 하고 터지다[터뜨리다]
cure	동 **치료하다, 고치다** 명 치유, 치유법
disappoint	동 **실망시키다**
condition	명 1. (사람·물건·재정 등의) 상태 2. (주위의) 상황, 사정, 형편 　　3. (치유가 안 되는 만성) **질환[문제]** 동 1. (무엇의 방식에) 영향을 미치다 　　2. (두발이나 피부의) 건강을 유지하다
continuous	형 계속되는, 지속적인
beneath	전 ~ 아래에
muscle	명 근육

아래 해석을 참고하여 다음 각 빈칸에 적절한 단어를 위의 목록에서 골라 쓰세요. (동사의 시제와 명사의 수에 유의)

1　The dog slowly walked to the table and sat ＿＿＿＿＿＿＿ it.

2　Because it was a holiday, there was a ＿＿＿＿＿＿＿ flow of traffic on the road.

3　If you take this medicine, it will soon ＿＿＿＿＿＿＿ your cold.

4　When my uncle was younger, he had more ＿＿＿＿＿＿＿ and less fat on his body.

5　Kids were having fun while they were ＿＿＿＿＿＿＿ balloons in the backyard.

6　My grandmother has a back ＿＿＿＿＿＿＿. She cannot walk well without any help.

7　She believes aliens and UFOs have visited Earth, but that's a ＿＿＿＿＿＿＿.

8　His poor grades ＿＿＿＿＿＿＿ his parents.

해석 1 그 개는 천천히 테이블로 걸어가 그 아래에 앉았다. 2 휴일이었기 때문에, 도로에 지속적인 차량 흐름이 있었다. 3 이 약을 먹으면, 그것이 곧 감기를 고쳐 줄 거야. 4 우리 삼촌이 젊으셨을 때, 몸에 더 많은 근육과 적은 지방이 있었다. 5 아이들은 뒷마당에서 풍선을 터뜨리며 재밌게 놀고 있었다. 6 우리 할머니는 허리 질환이 있으시다. 아무런 도움 없이는 잘 걸으실 수 없다. 7 그녀는 외계인과 UFO가 지구를 방문한 적이 있다고 믿지만, 그것은 근거 없는 믿음이다. 8 그의 낮은 성적은 부모님을 실망시켰다.

여러분은 여드름 때문에 고민해본 적이 있나요? 또는 여드름을 어떻게 <u>cure</u>해야 할지 고민한 적은요? 그런 적이 없다면 행운이라고 할 만큼 여드름은 사춘기에 나타나는 가장 두드러진 특징 중 하나예요. 사춘기에는 호르몬 분비가 왕성해지면서 피지 분비량이 많아지는데, 이 피지가 배출되지 못하고 모공에 쌓이면 여드름이 되는 거예요. 여드름은 영어로 보통 pimple이라고 불러요. 그리고 여드름이 나는 피부 상태를 acne라고 하지요. 여드름 없는 깨끗한 피부를 원하지 않는 사람은 없을 거예요.

SEE THE NEXT PAGE! ≫

1 밑줄 친 <u>cure</u>에 해당하는 우리말을 고르세요.

① 건강을 유지하다   ② 펑하고 터뜨리다   ③ 치료하다, 고치다

2 이 글의 내용과 일치하도록 아래 단어들을 알맞게 배열하여 문장을 완성하세요.

It is oil in the pores that _____
_____. (on your skin / you / pimples / gives)

*pore 모공

교과서 지식 Bank

중2 과학 - 호르몬

청소년기에 생기는 여드름은 호르몬 분비량의 영향을 받는 경우가 많아요. 호르몬이 분비되는 현상을 내분비라고 하며, 호르몬을 분비하는 곳을 내분비샘이라고 해요. 혈관으로 분비된 호르몬은 혈액을 통해 온몸을 순환하다가 특정 기관에 도달하면 고유한 기능을 나타내게 된답니다.

Myth 1 - Dirty Skin Causes Acne

Acne is not caused by dirty skin, but washing your face can help. ⓐ <u>It</u> is caused by bacteria that are already in your pores. They feed on the oil on your skin. _____(A)_____, washing your face twice a day will help reduce the bacteria and the oil. However, be careful about too much washing. It can also make your acne worse.

Myth 2 - It's Okay to Pop Pimples if You Do It 'Safely'

<u>This</u> is always a terrible idea. Popping a pimple may actually drive the bacteria deeper into the pore. More importantly, when you pop a pimple, you increase the chance of having a scar in its place. ⓑ <u>It</u> may stay on your skin forever.

Myth 3 - Acne Can Be Cured

Sorry to disappoint you, but ⓒ <u>it</u> can't be cured. It can continue even as an adult. Acne is a condition. This means ⓓ <u>it</u>'s a continuous situation that occurs on your skin and beneath its surface. Acne may come and go at different times in your life, so you should always be concerned with ⓔ <u>it</u>.

Myth 4 - Pores Can Open and Close

It is a common myth that you can open your pores with hot water and close them with cold water. _____(B)_____, this is not true. They allow sweat to cool you and oil to condition your skin, but they do not have a muscle to allow them to open and close.

*pore 모공

**scar 상처

🔍 독해가 더 쉬워지는 Tip

allow + 목적어 + to + 동사원형 : ~가 …하는 것을 허락하다, 하게 하다[두다]

His dad **allowed him to go** camping with his friends.
(그의 아빠는 **그가** 친구들과 캠핑을 **가는 것을 허락했다**.)

I can't **allow you to do** this on your own. You need to get some help from others.
(난 **네가** 이것을 혼자 **하게 둘** 수 없다. 너는 다른 사람들에게 도움을 받아야 한다.)

1 **Which of the following is the best title of the passage?**

① How to Prevent Acne on Skin

② What Causes Acne on Your Skin

③ Some False Beliefs about Acne

④ How to Keep Your Skin Healthy

⑤ The Importance of Clear Skin

2 **Which of the following is NOT true according to the passage?**

① Acne is caused by bacteria in your pores.

② Washing your face as often as possible will help you avoid acne.

③ There are some reasons why you shouldn't pop pimples.

④ Acne won't go away no matter how long you suffer from it.

⑤ You can't open or close your pores because there isn't a muscle.

3 **Which of the following is different among the underlined ⓐ ~ ⓔ?**

① ⓐ   ② ⓑ   ③ ⓒ   ④ ⓓ   ⑤ ⓔ

4 **Which set of words best fits in the blanks (A) and (B)?**

	(A)	(B)
①	Also	Therefore
②	As a result	In addition
③	Likewise	However
④	However	For example
⑤	So	However

5 **What does the underlined "This" in the second paragraph refer to? Write the answer in Korean.**

_____

cause 유발하다 / acne 여드름 / bacteria 박테리아, 세균 / feed on ~을 먹고 산다 / reduce 줄이다 / pimple 여드름, 뾰루지 / drive 밀어 넣다 / importantly 중요하게 / increase 증가시키다 / occur 일어나다, 발생하다 / surface 표면 / be concerned with ~을 걱정하다, 신경 쓰다 / common 흔한, 공통의 / allow ~하게 하다[두다] / cool 차게 하다

선택지 어휘 **1** prevent 예방하다 / false 잘못된 **2** no matter how 아무리 ~하든 / suffer from ~로 고통받다 **4** likewise 마찬가지로

교육부 지정 중학 필수 어휘 🎧

정답 및 해설 p.27

debate	명 토론, 토의 동 논의하다, 토의하다
ordinary	형 보통의, 일상적인
narrow	형 좁은 동 좁아지다, 좁히다
deserve	동 ~할 만하다, ~할 가치가 있다
legend	명 전설
legendary	형 1. 전설 속의 2. 전설적인, 매우 유명한
obey	동 따르다, 순종하다
particular	형 특정한, 특수한
force	명 힘, 물리력 동 강요하다, 억지로 ~하게 하다

아래 해석을 참고하여 다음 각 빈칸에 적절한 단어를 위의 목록에서 골라 쓰세요. (동사의 시제와 명사의 수에 유의)

1 The street was _____, so people walked one by one.

2 The police _____ the man to open the door.

3 The students _____ about how to make a better environment during class.

4 Children who _____ the rules get candies as rewards.

5 The team really _____ the victory after all that hard work.

6 He was absent yesterday for no _____ reason.

7 Before the child went to sleep, his mother told him a(n) _____ about the village.

8 Famous actors have very different lives from the lives of _____ people.

9 The unicorn is a(n) _____ animal that looks like a horse with wings and a horn.

해석 1 그 길은 좁아서, 사람들은 차례로 한 명씩 걸어갔다. 2 경찰은 남자에게 억지로 문을 열게 했다. 3 학생들은 수업시간에 더 좋은 환경을 만드는 방법에 대해 논의했다. 4 규칙을 잘 따르는 아이들은 상으로 사탕을 받는다. 5 그 힘든 일을 했으므로 그 팀은 승리할 자격이 있었다. 6 그는 어제 아무런 특정한 이유 없이 결석했다. 7 아이가 잠들기 전, 엄마는 그에게 마을에 관한 전설을 이야기해 주었다. 8 유명한 배우들은 보통 사람들의 삶과는 매우 다른 삶을 산다. 9 유니콘은 날개와 뿔을 가진 말처럼 생긴 전설 속의 동물이다.

학교에서는 학급의 문제를 해결하기 위해 학급회의를 하지요? 주제를 정하고, 주제에 맞는 의견을 제시해 **debate**하고, 표결을 해서 결정된 내용을 발표하는 방식으로요. 이렇게 회의를 하면서 우리는 다른 사람의 의견을 귀 기울여 듣는 법, 내 의견을 조리 있게 설명하는 법, 합리적인 결과를 도출하는 법 등을 배울 수 있어요. 그리고 이런 경험은 나중에 사회생활을 하는 데에도 크게 도움이 된답니다.

회의는 참가하는 사람들, 앉는 방식, 회의의 목적에 따라 여러 종류가 있는데요, 그중 참석자 모두가 동그란 탁자에 앉아 동등한 입장에서 하는 회의를 원탁회의라고 해요. 그러면 이 원탁회의가 어디에서 유래되었는지 알아볼까요?

SEE THE NEXT PAGE! ≫

1 밑줄 친 debate에 해당하는 우리말을 고르세요.

① 따르다   ② 논의하다   ③ 강요하다

2 이 글을 읽고 '회의'를 통해 배울 수 **없는** 것을 고르세요.

① 다른 사람의 의견을 잘 들어주는 법
② 자신의 의견을 조리 있게 말하는 법
③ 사람들이 자신의 생각을 따르도록 하는 법
④ 합리적인 결과를 이끌어 내는 법

교과서 지식 Bank

중1 국어 - 토의

우리가 생활 속에서 겪는 문제들을 해결하기 위해서는 관련된 사람들의 다양한 의견을 듣고 서로 의견을 조정하면서 바람직한 해결 방법을 찾는 것이 좋아요. 토의는 그러한 적극적인 문제 해결 과정의 하나인데요, 토의 과정에서 토의 참여자들이 의견의 차이를 좁혀 가면서 문제의 해법을 찾을 수 있기 때문이에요.

Maybe you have heard of the "Knights of the Round Table." The Round Table was a table used by King Arthur and his knights. King Arthur was a legendary king of Great Britain. (①) The Round Table was in Camelot, the castle where King Arthur and his knights lived.

5 (②) In the old stories, they met at the table to debate about Camelot and the kingdom. The shape of the table was very important. Ordinary tables were rectangular and had a narrow part at one end for the leaders. (③) This meant that the people who sat around this round table were all equal and honest. At the table, they talked with respect to each other, and everyone
10 was treated equally. (④)

To become a Knight of the Round Table, a knight had to show that he deserved to be a member. (⑤) In legends, the knights promised to obey particular rules if they became a Knight of the Round Table. They promised not to kill anyone, never to harm the country, never to force anything on
15 others, and never to get into fights because of love.

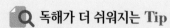 **독해가 더 쉬워지는 Tip** •

get into : (특정한 상태에) 빠지다, 처하다

I **got into** a fight at the park.
(나는 공원에서 싸움에 **빠졌다**.)

Even good swimmers can **get into** trouble when the water is too cold.
(물이 너무 차가우면 수영을 잘하는 사람들도 곤경에 **처할** 수 있다.)

1 **Which of the following is the best title of the passage?**

① How to Make a Round Table

② A Legendary King of Great Britain

③ The Most Popular Shape of Table

④ How to Become a Brave Knight

⑤ The Meaning of Arthur's Round Table

2 **Which of the following is NOT mentioned as a rule for the Knights of the Round Table?**

① 사람을 죽이지 않는 것

② 조국에 해를 끼치지 않는 것

③ 다른 사람에게 무언가를 강요하지 않는 것

④ 사랑 때문에 다툼을 하지 않는 것

⑤ 사람을 차별하지 않는 것

3 **Where would the following sentence best fit?**

> But the knights and King Arthur used a round table.

①   ②   ③   ④   ⑤

4 **What was the meaning of sitting at the round table?**

> 원탁에 앉는다는 것은 이 원탁에 둘러앉은 사람들이 모두 (1) _____ 하고
> (2) _____ 하다는 의미였다.

5 **Which of the following has the same meaning as the underlined "force" in the passage?**

(a) You shouldn't force your ideas on other people.

(b) The door was broken by force by a strong man.

knight (중세의) 기사 / kingdom 왕국 / shape 모양 / rectangular 직사각형의 / equal 같은, 동등한 / respect 존중 / treat 대우하다, 대하다 / harm 해를 끼치다, 손상시키다 / get into (특정한 상황에) 빠지다, 처하다

Chapter
04

What to Learn	**독해가 더 쉬워지는 Tip**
'파이'라고도 불리는 원주율 3.14를 기념하는 날, 파이데이라고 들어본 적 있나요?	come to an end
우리나라를 대표하는 전통음식 김치는 세계 어디서 볼 수 있을 뿐 아니라, 이제는 우주에서도 먹을 수 있는 음식이 되었어요.	while
히틀러의 어린 시절 꿈은 놀랍게도 화가가 되는 것이었어요. 그는 왜 자신의 꿈을 포기하고 세계에서 악명 높은 지도자가 되었을까요?	leave for be remembered as
매년 여름이면 우리나라를 찾아오는 태풍은 이름이 무척 다양하죠? 매번 달라지는 태풍의 이름은 누가 어떻게 만드는 것일까요?	turn in It takes + (시간) + to + 동사원형

교육부 지정 중학 필수 어휘

정답 및 해설 p.30

range	몡 범위
	※ **wide range of** 광범위한, 다양한
host	몡 주인
	동 주최하다, 열다
vocabulary	몡 어휘
	※ **have a large vocabulary** 어휘를 많이 알다
emphasize	동 강조하다, 강세를 두다
entertaining	형 재미있는, 즐거움을 주는
rather	부 1. 얼마간, 다소 2. 오히려
barrier	몡 장벽, 장애물

아래 해석을 참고하여 다음 각 빈칸에 적절한 단어를 위의 목록에서 골라 쓰세요. (동사의 시제와 명사의 수에 유의)

1   At first, it seemed like a funny movie, but it was _____ a very sad movie.

2   The teacher created _____ tests to help the students learn new words.

3   He overcame the language _____ in America and got a perfect score in every subject.

4   Most candy stores have a wide _____ of candies to choose from.

5   The teacher _____ the importance of English in last week's class.

6   It's very _____ to go to an amusement park with my friends.

7   She _____ a party at her house on her last birthday.

해석 **1** 처음에 그것은 웃긴 영화 같았지만 오히려 무척 슬픈 영화였다. **2** 선생님은 학생들이 새로운 단어를 외우는 것을 돕기 위해 어휘 시험을 만들었다. **3** 그는 미국에서 언어 장벽을 이겨내고 모든 과목에서 만점을 맞았다. **4** 대부분의 사탕 가게에는 고를 수 있는 넓은 범위의(다양한) 사탕이 있다. **5** 선생님은 지난주 수업에서 영어의 중요성에 대해 강조하셨다. **6** 나의 친구들과 놀이 공원에 가는 것은 아주 재미있다. **7** 그녀는 작년 생일에 자신의 집에서 파티를 열었다.

3월 14일은 무슨 날일까요? 혹시 화이트데이라고만 알고 있나요? 이날은 여러분이 수학 시간에 접해보았을 원주율, 파이(π)를 기억하기 위해 만들어진 파이데이(Pi Day)예요. 원의 둘레를 지름으로 나누면 항상 일정한 숫자가 나오는데, 이 숫자를 파이라고 부르죠. 우리는 보통 '파이=3.14'라고 하지만, **사실 파이는 소수점 밑으로 숫자가 끝없이 존재해요.** 1988년에 미국 샌프란시스코에서 처음 시작된 <u>entertaining</u>한 파이데이! 이날은 파이뿐만 아니라 수학을 더 즐기고자 하는 마음에서 시작되었다고 해요.

SEE THE NEXT PAGE! ≫

1 밑줄 친 <u>entertaining</u>에 해당하는 우리말을 쓰세요.

_____

2 굵게 표시한 부분과 일치하도록 아래 단어를 알맞게 배열하여 문장을 완성하세요.

> Actually, _____
> the decimal point in Pi. (endless / after / are / there / numbers)
>
> *decimal point 소수점

교과서 지식 Bank

중3 수학 - 무리수

정수나 분수의 형태로 나타낼 수 없는 수를 무리수라고 하는데요, 그 대표적인 예가 바로 원주율을 가리키는 파이(π)랍니다. 파이는 3.14159265358979...로 규칙적으로 반복되지도 않고 끝없이 계속되지요.

People celebrate and enjoy Pi Day in a wide range of ways. First of all, they eat Pi foods. This is the most popular way to celebrate Pi Day. Usually, people bake and eat various kinds of pies because they are round in shape. Also, "pie" sounds the same as "pi." They also bake cookies that have the shape of pi.

5 ① Another way is to memorize pi. ② You might not like this way to celebrate, but people often host contests to see how much of pi they can remember. ③ Pi never comes to an end, so there are endless numbers that follow after 3.14. ④ In fact, there are more numbers that don't end than numbers that do end. ⑤ In this contest, you need to remember as many
10 numbers as possible that come next after 3.14.

If you have a large vocabulary, you might like the next celebration. In this contest, you have to think of words that have "pi" in them. Examples include: pi-zza, pi-ckles, pi-neapple, pi-lot, etc. Don't forget to emphasize the "pi" even when it sounds different from the original word. It's an entertaining way to
15 enjoy the day, so people will understand it.

You can also enjoy Pi Day with movies about math. Pi Day celebrates not only pi but also the whole of math. So, we can celebrate by thinking about the role of math in our lives while watching math movies. How did math help human beings? Did it create opportunities or was it rather a barrier? Talk
20 with your friends after the movie.

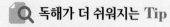 독해가 더 쉬워지는 **Tip** ••

`come to an end` : ① 끝나다 ② 죽다

When the class **comes to an end**, we will have lunch.
(수업이 **끝나면**, 우리는 점심을 먹을 것이다.)

He was a famous scientist, but sadly his life **came to an end** when he was only 32.
(그는 유명한 과학자였지만, 애석하게도 고작 32세의 나이로 **죽었다**.)

1 **Which of the following is the best title of the passage?**

① Contests on Pi Day
② The Origin of Pi Day
③ The Importance of Pi
④ How to Celebrate Pi Day
⑤ The Influence of Pi on Math

2 **Which of the following is NOT a way to enjoy Pi Day?**

① baking pies and cookies
② finding round objects
③ memorizing numbers that come after 3.14
④ saying words that have 'pi'
⑤ watching movies related to math

3 **Which of the following is NOT appropriate in the passage?**

①　　　　②　　　　③　　　　④　　　　⑤

4 **Find the word in the passage which has the given meanings.**

ⓐ a person who invites people to a party or a meal
ⓑ to prepare a special event like a party, dinner, and so on

_____

celebrate 기념하다 / various 여러 가지의, 다양한 / round 둥근 / memorize 암기하다 / contest 대회 / endless 끝이 없는 / include 포함하다 / pilot 파일럿, 조종사 / etc.(= et cetera) ~ 등, 등등 / original 원래의, 본래의 / role 역할 / human being 인류 / create 만들다, 창조하다 / opportunity 기회
선택지 어휘 1 origin 기원, 근원 / influence 영향, 영향력

교육부 지정 중학 필수 어휘 🎧

정답 및 해설 p.32

perhaps	부 아마, 어쩌면
mention	동 간단히 말하다, 언급하다 명 언급, 진술
ingredient	명 (특히 요리의) 재료, 성분
stir	동 1. 휘젓다, 뒤섞다 2. (감정·분위기를) 유발하다, 불러일으키다 ※ **stir up** (논쟁·문제 등을) 일으키다, 유발하다
maintain	동 1. 지속하다, 유지하다 2. 보수하다, 정비하다
advance	명 진보, 발전 동 진전하다, 진전되다
available	형 1. 이용 가능한 2. (만날) 시간이 있는
meaningful	형 의미 있는, 뜻있는

아래 해석을 참고하여 다음 각 빈칸에 적절한 단어를 위의 목록에서 골라 쓰세요. (동사의 시제와 명사의 수에 유의)

1 Volunteering at a hospital can be a(n) _____ experience.

2 Be quiet and stay in your seat. Don't _____ up any trouble until I come back.

3 Did I _____ that Chris is moving next month?

4 He has made a huge _____ since he started taking the drawing class.

5 _____ he will come to your party. He didn't seem busy.

6 Food is _____ in the kitchen. Help yourself.

7 It is very important to _____ your weight through exercise. Keep it up!

8 Put all the _____ in a pot and boil them for 30 minutes.

해석 1 병원에서 자원 봉사를 하는 것은 의미 있는 경험이 될 수 있다. **2** 조용히 하고 자리에 머물러라. 내가 돌아올 때까지 아무 문제도 일으키지 마. **3** 크리스가 다음 달에 이사 간다는 것을 내가 말했니? **4** 그는 그림 그리기 수업을 듣기 시작한 이후로 큰 발전을 해왔다. **5** 아마도 그는 너의 파티에 올 거야. 바빠 보이지 않았거든. **6** 음식은 부엌에서 이용 가능합니다. 마음껏 드세요. **7** 운동으로 너의 체중을 유지하는 것은 매우 중요해. 계속 그렇게 해! **8** 모든 재료를 냄비에 넣고 30분간 끓여라.

우주인들은 어떤 음식을 먹으며 지낼까요? **그들은 특별한 재료들로 만들어진 다른 음식들을 먹을까요?** 아니요, 그렇지 않아요. 우주인들도 우리와 똑같은 음식을 먹는답니다. 하지만 다른 점이 하나 있어요. 그들이 먹는 음식은 지구와 다른 우주 환경에서도 안전하게 섭취할 수 있도록 특수 가공처리를 한다는 점이지요. 또, 미국과 러시아의 까다로운 인증 절차를 거

쳐야 해요. 우주인들의 국적이 다양하기 때문에 우주 식품의 종류도 매우 다양한데요, 그중에는 우리나라의 음식들도 있답니다. 김치, 라면, 수정과, 비빔밥, 불고기, 미역국, 닭갈비 등 무려 17종이나 된다고 해요.

SEE THE NEXT PAGE! ≫

1 굵게 표시한 부분과 일치하도록 빈칸에 알맞은 단어를 써보세요.

Do they eat different food made with special _____?

2 '우주인 음식'에 관한 설명 중 이 글의 내용과 일치하지 <u>않는</u> 것을 고르세요.

① 우주인들이 먹는 음식은 특별한 재료를 사용한다.
② 우주에서 안전하게 먹을 수 있도록 특수 가공처리가 되어있다.
③ 미국과 러시아의 인증 절차를 거친다.
④ 우주 식품의 종류는 우리나라 음식을 포함해 아주 다양하다.

교과서 지식 Bank

중2 과학 - 식사 대용 캡슐
우주인들이 우주에 나가면 여러 영양소가 들어 있는 캡슐을 먹기도 하는데요, 필수 영양소들이 다 들어 있긴 하지만 음식물을 섭취해 소화시킨 후 필요한 영양소를 흡수하는 것과 비교하면 부족한 점이 많아요. 음식물을 섭취하여 입에서는 씹는 운동이 이루어지고, 위와 장은 근육 운동을 하며 음식물을 소화하는 역할을 해야 정상적인 신체 리듬을 유지할 수 있는 것이지요.

Kimchi is perhaps the most famous traditional Korean food. It is usually made from cabbage and radish with red pepper powder, and it's almost everywhere in Korean cuisine. (①) There are many kinds of kimchi, such as cabbage kimchi, cucumber kimchi, white kimchi, and so on. (②) It is space kimchi, which is kimchi that astronauts can eat in space! (③)

Kimchi was one of the most difficult foods to take into space because of health concerns. (④) It might sound strange because kimchi is often mentioned as a healthy food with healthy ingredients. (⑤) In kimchi, there are tons of bacteria which are good for our health. _____, while ⓐ they may be good on Earth, they might not be in space. When they are exposed to a space environment, they might stir up trouble for astronauts' health. So, scientists invented space kimchi, which does not contain any bacteria. ⓑ They also made special packages for space kimchi to maintain its freshness for a long time in space. Thanks to their efforts and advances in technology, kimchi is now available in space just like here on Earth.

"Most space food has been Western food, so we thought it would be meaningful to have some Korean food on the menu," said one of the scientists.

🔍 독해가 더 쉬워지는 Tip

while : ① ~하는 동안(에) ② ~인 반면에

He took care of my children **while** I was in Paris.
(내가 파리에 있는 **동안** 그가 나의 아이들을 돌봐주었다.)

Some people say that eating meat is not necessary, **while** others don't agree.
(다른 사람들은 동의하지 않는 **반면**, 어떤 사람들은 고기를 먹는 것이 필요하지 않다고 말한다.)

1   **Which of the following is the best title of the passage?**

① Healthy Food in Space

② Various Kinds of Space Kimchi

③ Special Kimchi Invented for Astronauts

④ The Ingredients Used for Space Kimchi

⑤ Why Do Astronauts Love Kimchi?

2   **Which of the following is NOT true according to the passage?**

① 김치는 우주로 가져가기 어려운 음식 중 하나였다.

② 김치에는 건강에 좋은 박테리아가 많이 들어 있다.

③ 김치는 우주 환경에서 건강 문제를 일으킬 수 있다.

④ 우주 김치에는 건강에 좋은 박테리아가 포함되어 있다.

⑤ 우주 김치는 오랫동안 신선한 상태로 유지된다.

3   **Where would the following sentence best fit?**

Recently, a special kind of kimchi was developed by scientists.

①   ②   ③   ④   ⑤

4   **Which of the following best fits in the blank?**

① However   ② In addition   ③ For example

④ Therefore   ⑤ Otherwise

5   **What do the underlined ⓐ they and ⓑ They refer to? Use the words from the passage.**

ⓐ: _____   ⓑ: _____

---

cabbage 배추 / **radish** 무 / **red pepper powder** 고춧가루 / **cuisine** 요리 / **recently** 최근에 / **astronaut** 우주 비행사 / **concern** 걱정, 관심 / **tons of** 수많은 / **bacteria** 《복수형》 박테리아 / **expose** 노출시키다 / **environment** 환경 / **invent** 발명하다 / **contain** 담고 있다, 함유하다 / **package** 포장 용기 / **thanks to** ~ 덕분에 / **effort** 노력, 분투 / **technology** 기술, 과학 기술

선택지 어휘 **1 various** 다양한

교육부 지정 중학 필수 어휘 🎧

정답 및 해설 p.34

oppose	동 반대하다, 이의를 제기하다	
architect	명 건축가, 건축 기사	
architecture	명 건축, 건축학	
graduate	동 졸업하다, 학위를 받다 명 졸업생	
odd	형 1. **이상한, 뜻밖의** 2. 홀수의 3. 짝이 맞지 않은	
abandon	동 1. (특히 돌볼 책임이 있는 사람을) 버리다, 유기하다 2. (물건·장소를) **버리고 떠나다**	
terrible	형 1. **끔찍한, 소름 끼치는** 2. 심한, 지독한	

아래 해석을 참고하여 다음 각 빈칸에 적절한 단어를 위의 목록에서 골라 쓰세요. (동사의 시제와 명사의 수에 유의)

1 Students in Canada _____ from high school in June, while Korean students finish high school in February.

2 Her interest in the design of buildings led her to study _____.

3 I got stung by a bee last spring. It was a(n) _____ experience.

4 The city wanted to build a new shopping mall but they couldn't. Many people _____ the plan.

5 During the Korean War, many people had to _____ their houses and head south.

6 That's _____. I left my coat here a few minutes ago. Where did it go?

7 The _____ built several buildings and houses in the town.

해석 **1** 한국 학생들은 2월에 고등학교를 마치지만, 캐나다 학생들은 6월에 고등학교를 졸업한다. **2** 건물 설계에 관한 그녀의 관심은 그녀가 건축학을 공부하게 하였다. **3** 나는 지난봄에 벌에 쏘였다. 그것은 끔찍한 경험이었다. **4** 그 도시는 새 쇼핑몰을 짓길 원했지만 할 수가 없었다. 많은 사람들이 그 계획을 반대했다. **5** 한국 전쟁 때 많은 사람들은 자신의 집을 버리고 떠나 남쪽으로 향해야 했다. **6** 이상하네. 몇 분 전에 여기에 내 코트를 뒀어. 그게 어디 갔지? **7** 그 건축가는 마을에 건물과 집을 여러 채 지었다.

제2차 세계대전(World War Ⅱ), 유대인(Jews) 학살, 나치즘… 모두 인류 역사상 가장 **terrible**한 지도자 중 하나인 아돌프 히틀러(Adolf Hitler)를 떠오르게 하는 말들이죠. 제1차 세계대전 이후 히틀러는 자기 민족만이 우월하다는 착각에 빠져 나치당에 들어갑니다. 그곳에서 권력을 얻은 그는 오스트리아 출신임에도 독일의 총통으로 임명되어 독재정치를 시작하고 600만 명에 가까운 유대인을 학살하여 수많은 사람들에게 씻을 수 없는 상처를 입혔어요.

SEE THE NEXT PAGE! ≫

1   밑줄 친 terrible에 해당하는 알맞은 우리말을 고르세요.

① 이상한   ② 유명한   ③ 뛰어난   ④ 끔찍한, 소름 끼치는

2   '히틀러'의 관한 설명 중 이 글의 내용과 일치하지 <u>않는</u> 것을 고르세요.

① 히틀러는 제2차 세계대전 후에 나치당에 들어갔다.
② 히틀러는 원래 오스트리아 출신이다.
③ 히틀러는 많은 유대인을 학살했다.
④ 히틀러는 나치당에서 독재를 시작했다.

교과서 지식 Bank

중학 역사2 - 제2차 세계대전

1939년 독일이 폴란드를 침공했고, 이에 영국과 프랑스가 독일에 전쟁을 선포하면서 제2차 세계대전이 시작돼요. 전쟁 초반에는 일본, 이탈리아와 동맹을 맺은 독일이 우세했지만, 미국, 소련 등이 영국과 프랑스 연합국에 합류하면서 전세가 역전되었어요. 결국 1945년 히틀러의 자살 후 독일은 항복을 했고, 곧 제2차 세계대전은 끝이 났답니다.

Young Adolf Hitler liked drawing and wanted to be an artist. His father opposed this idea and recommended being an official, but he refused. Hitler wasn't a hard-working student, either. He didn't like to go to school, so he left high school. _____, he decided to study at an art school in Vienna.
5 (①) He left for Vienna and took the exam twice. (②) But he failed. (③) The principal of the art school told him to focus on becoming an architect because he was good at drawing buildings. (④) However, he gave up because he had to graduate from his high school to study architecture. (⑤)

10 Even though he didn't get an art education, he still wanted to live as an artist. He earned money by drawing lots of pictures and postcards. It was odd that most of the buyers of his drawings were Jews.

After World War II, people abandoned Hitler's drawings, and the U.S. also took away some of them. He always wanted to be an artist, but he is 15 remembered as one of the most terrible people in history.

*Jew 유대인

🔍 **독해가 더 쉬워지는 Tip** ••

leave for : ~로 떠나다

They **left for** Jeju Island for a vacation.
(그들은 휴가를 위해 제주도로 떠났다.)
*'~를 떠나다'의 「leave ~」와 혼동하지 않도록 주의하세요.

be remembered as : ~로 기억되다

He **is** still **remembered as** one of the greatest soccer players in the world.
(그는 여전히 세계의 가장 훌륭한 축구 선수들 중 하나로 기억되고 있다.)

1 **Which of the following is the best topic of the passage?**

① Hitler's artistic talent

② the man who wanted to become an artist

③ the importance of education

④ Hitler's drawings abandoned by Jews

⑤ poor artists from Vienna in need of money

2 **Which of the following is NOT true according to the passage?**

① 히틀러의 아버지는 히틀러가 화가가 되는 것을 반대했다.

② 히틀러는 예술 학교 시험에 두 번이나 떨어졌다.

③ 예술 학교 교장 선생님은 히틀러에게 건축가가 되는 것을 조언했다.

④ 히틀러는 건축을 공부하기 위해 고등학교 과정을 마쳤다.

⑤ 히틀러는 그림과 엽서를 그리면서 돈을 벌었다.

3 **Which of the following best fits in the blank?**

① In addition　　② However　　③ Above all

④ Instead　　⑤ For example

4 **Where would the following sentence best fit?**

His drawings showed much more talent for architecture rather than artistic painting.

①　　②　　③　　④　　⑤

5 **Which of the following CANNOT be answered from the passage? Choose two.**

① What did Hitler's father want Hitler to be?

② Why did the principal recommend Hitler to be an architect?

③ Why didn't Hitler study architecture?

④ How much money did Hitler make by selling his drawings?

⑤ What did the U.S. do with Hitler's drawings?

recommend 권하다, 충고하다 / official 공무원, 관리 / refuse 거절하다, 거부하다 / hard-working 근면한, 열심히 일하는 / either 《부정문에서》 ~도[또한] / instead 대신에 / principal 교장 선생님 / focus on ~에 주력하다 / give up 포기하다 / education 교육 / earn (돈을) 벌다 / postcard 엽서

교육부 지정 중학 필수 어휘 🎧

정답 및 해설 p.36

major	형 주요한, 중대한
	명 (대학의) 전공
	동 전공하다
occur	동 일어나다, 발생하다
committee	명 위원회
list	명 목록, 명단
total	형 총, 전체의
	명 합계, 총수
exception	명 예외
remove	동 없애다, 제거하다

아래 해석을 참고하여 다음 각 빈칸에 적절한 단어를 위의 목록에서 골라 쓰세요. (동사의 시제와 명사의 수에 유의)

1   This bag costs $30, and the shoes are $50. The _____ comes to $80.

2   If you want to save money on shopping, you should make a shopping _____ first.

3   Joe is the _____. Everyone but him knows the song.

4   Exercise is a(n) _____ part in preventing disease.

5   If you are not careful, an accident may _____.

6   The members of the _____ sat down and prepared for the meeting.

7   The wall is clean because I _____ all the posters from it. It was hard work.

해석 **1** 이 가방은 30달러이고, 신발은 50달러이다. 그 합계는 80달러이다. **2** 만약 네가 쇼핑에 돈을 아끼고 싶으면, 먼저 쇼핑 목록을 만들어야 한다. **3** 조는 예외이다. 그를 뺀 모든 사람은 그 노래를 안다. **4** 운동은 질병을 예방하는 데 주요한 부분을 차지한다. **5** 만약 네가 조심하지 않으면, 사고가 일어날 수도 있다. **6** 위원회의 위원들은 앉아서 회의 준비를 했다. **7** 내가 벽에서 모든 포스터들을 제거했기 때문에 그 벽은 깨끗하다. 그것은 힘든 일이었다.

매년 여름이면 우리를 두렵게 만드는 것 중 하나가 태풍(typhoon)인데요, 크고 작은 피해를 낳는 정말 반갑지 않은 손님이지요. 때로는 거의 아무런 해를 끼치지 않고 지나가기도 하지만, 때로는 거센 비바람을 동반해 여러 시설물을 파괴하고 심각한 인명피해가 <u>occur</u>해요. 우리나라에 큰 피해를 준 태풍으로는 루사, 매미, 올가 등이 있는데요, 외국어 이름도 있고 우리말 이름도 있는 걸 알 수 있어요.

SEE THE NEXT PAGE! ≫

1 밑줄 친 occur에 해당하는 알맞은 우리말을 쓰세요.

_____

2 이 글의 내용과 일치하도록 아래 단어를 알맞게 배열하여 문장을 완성하세요.

Typhoons _____
great damage in the summer. (cause / guests / unwelcomed / are / that)

교과서 지식
Bank

중학 사회1 - 자연재해의 의미와 종류

자연재해란 자연 현상이 인간이나 인간 활동에 피해를 주는 현상을 의미해요. 종류는 크게 두 가지로 나뉘는데, 지형적 요인과 기후적 요인이 있어요. 지형적 요인으로는 지진, 화산활동, 지진 해일(쓰나미) 등이 있고, 기후적 요인은 홍수, 가뭄, 폭풍 등이 있답니다.

Before 1950, people had named major typhoons for hundreds of years, but most of the names were numbers. (①) This was useful to experts because it told them about the exact location of where the typhoon occurred. But it was hard to understand for many other people. Therefore, an attempt to give
5 better names to typhoons was first tried in the U.S. in 1950. Typhoons were named according to the order of the alphabet. (②) The same names were used again each season. For example, the first typhoon of a season was always named "Able," the second "Baker," and so on.

But since 2000, the typhoon committee has chosen from a list of names
10 from 14 Asian countries. (③) Each of the 14 countries turned in a list of 10 names, so a total of 140 names are on the list. Since about 30 typhoons occur in a year, it takes 4 to 5 years to use all the names on the list. (④) When all the names are used, the list starts over from the first name.

_____, there's an exception to this. If a typhoon causes a lot
15 of damage, its name is removed from the list. (⑤) For example, "Maemi" was taken off the list because it caused serious damage. Instead, "Mujigae" was added to the list.

🔍 **독해가 더 쉬워지는 Tip** ••

turn in : ~을 제출하다

The students **turned in** their answer sheets when the time was up.
(그 학생들은 시간이 다 됐을 때 답안지를 제출했다.)

It takes + (시간) + to + 동사원형 : ~하는 데 …(시간)이 걸리다

It takes three hours to get to Jeonju by bus from Seoul.
(서울에서 전주까지 버스로 가는 데 3시간이 걸린다.)

1 **Which of the following is the best title of the passage?**

① Where Typhoons Come From
② Funny Typhoon Names
③ A Name Contest for Typhoon in Asian Countries
④ Names Removed from the Typhoon Name List
⑤ Typhoon Naming History and Retired Names

2 **Which of the following is NOT true according to the passage?**

① 1950년 이전 대부분의 태풍들은 숫자로 명명되었다.
② 알파벳으로 된 태풍의 이름은 전문가들에게 유용했다.
③ 아시아 14개국이 태풍의 이름을 10개씩 만들었다.
④ 해마다 약 30개의 태풍이 발생한다.
⑤ '태풍 매미'는 태풍 이름 목록에서 제외되었다.

3 **Where would the following sentence best fit?**

The numbers meant where the typhoons came from.

①   ②   ③   ④   ⑤

4 **Which of the following best fits in the blank?**

① For example   ② Otherwise   ③ However
④ In addition   ⑤ Therefore

5 **Find the word which fits in the blanks (A) and (B) from the passage.**

(1) My dad's _____(A)_____ was English. He studied a lot about English literature.
(2) The smoke from the factories is one of the _____(B)_____ problems in our city.

---

typhoon 태풍 / mean ~을 의미하다 / useful 유용한 / expert 전문가 / exact 정확한 / location 위치 / attempt 시도 / according to ~에 따르면 / order 순서, 차례 / season (1년 중에서 특정한 활동이 행해지는) 철 / turn in ~을 제출하다 / start over 다시 시작하다 / damage 손상, 피해 / take off 제거하다 / serious 심각한 / instead 대신에
선택지 어휘 1 retired 철수된 5 English literature 영문학

Chapter
05

What to Learn	**독해가 더 쉬워지는 Tip**
'니모'로 잘 알려진 클라운피시는 수컷으로 태어난다는 사실 알고 있나요?	**turn into** **don't have to** + 동사원형
바라보는 관점에 따라서 세상은 달리 보일 수 있어요. 한 쌍둥이의 이야기를 통해 우리가 어떤 관점으로 세상을 바라보는지 알아볼까요?	**on and on** **learn a lesson from**
수천 년 전에도 사람들은 쓰레기 관련 문제들로 많은 갈등을 겪었다고 해요. 예전사람들은 이 문제를 어떻게 해결했을까요?	**demand (that)** + 주어 + **(should)** 동사원형
조선 시대의 양반을 비판하고 그들의 무능함을 적나라하게 드러낸 박지원의 작품, 「양반전」을 읽어볼까요?	**what to** + 동사원형 **how to** + 동사원형

교육부 지정 중학 필수 어휘 🎧

정답 및 해설 p.39

male	형 남성의, 수컷의 명 남성, 수컷	
preserve	동 1. 보호하다, 지키다 2. 유지하다, 간직하다	
wander	동 돌아다니다, 헤매다	
therefore	부 그러므로	
community	명 1. 공동체, 지역 사회 2. (동물의) 군집	
shelter	명 피난처, 은신처 동 (비 · 바람 · 위험 등으로부터) 막아 주다, 보호하다	
mate	명 (한 쌍을 이루는 동물 등의) 짝	

아래 해석을 참고하여 다음 각 빈칸에 적절한 단어를 위의 목록에서 골라 쓰세요. (동사의 시제와 명사의 수에 유의)

1 Sports players try to _____ peace in a team. It is the key to winning games.

2 This town has a mild climate because the hills around it _____ the town from strong winds.

3 Birds sing to find a _____.

4 While the mother penguin is out hunting, the _____ penguin stands with the egg on his feet.

5 The tourists _____ around the city with a map. They seemed to be looking for something.

6 Penguins live in a _____ where they care for each other.

7 She doesn't have enough money. _____, she cannot go to the cinema.

해석 **1** 운동선수들은 팀 안에서 평화를 유지하려고 노력한다. 그것이 경기에 우승하는 비결이다. **2** 이 마을은 주변 언덕이 강한 바람으로부터 보호해주기 때문에 온화한 기후를 가지고 있다. **3** 새들은 짝을 찾기 위해 노래한다. **4** 엄마 펭귄이 사냥하러 나간 동안, <u>수컷</u> 펭귄은 발등에 알을 품고 서 있다. **5** 그 관광객들은 지도를 가지고 도시 주변을 <u>돌아다녔다</u>. 그들은 무언가를 찾고 있는 것 같았다. **6** 펭귄들은 서로 돌봐주는 <u>군집</u> 속에서 생활한다. **7** 그녀는 충분한 돈을 가지고 있지 않다. <u>그러므로</u> 그녀는 영화관에 갈 수 없다.

니모의 아빠 말린은 말미잘이 위험으로부터 <u>shelter</u>해주는 곳에서 살면서 혼자서 니모를 키우고 있었어요. 그러던 어느 날 호기심 가득한 아기 물고기 니모가 인간들에게 납치되자, 말린은 아들을 구하기 위해 모험을 떠나요. 우여곡절 끝에 아들을 찾아 집으로 돌아오는 이야기, 모두 알고 있나요? 전 세계의 많은 팬들이 오랜 시간 사랑해 온 디즈니의 애니메이션 「니모를 찾아서」의 줄거리인데요, 여기에 옥에 티가 있다고 해요. 니모와 말린은 클라운피시(clownfish)라는 물고기 종에 속하는데, **그 영화는 클라운피시에 대해 중요한 한 가지를 우리에게 전하는 걸 잊었답니다.** 과학적 사실이 제대로 반영되었다면 이 영화는 어쩌면 전혀 다른 이야기가 되었을지도 몰라요.

SEE THE NEXT PAGE! ≫

1 밑줄 친 shelter에 해당하는 우리말을 고르세요.

　① 피하다　　　　　② 막아 주다　　　　　③ 보존하다

2 굵게 표시한 부분의 내용과 일치하도록 아래 단어를 알맞게 변형하여 문장을 완성하세요.

The movie _____ one important
thing about clownfish. (to / forgot / us / tell)

교과서 지식 Bank

중3 과학 - 생식

새로운 자손을 만드는 일을 생식이라고 하는데, 생물은 생식을 통해 종족을 유지해요. 생식세포를 만들지 않고 새로운 자손을 만드는 것을 무성 생식이라고 하는데, 주로 단세포 생물이나 식물들이 이에 해당한답니다. 암수를 구별하는 생물은 생식세포를 만들고 이를 결합해 새로운 자손을 만드는데, 이것이 유성 생식이에요.

Clownfish have an almost magical ability. They can change their gender! Every clownfish is born as a male. However, they preserve both female and male parts in their bodies. So, when do they choose their gender?

5 To understand gender change in clownfish, we have to learn more about clownfish's lives. Many large fish eat clownfish, so it's very dangerous to wander in the sea. Therefore, they usually live in communities with sea anemones because the sea anemones shelter the clownfish. They rarely leave their community. _____, they change their gender to avoid going to dangerous areas.

10 In clownfish communities, there is one female and one adult male. The female is the largest, the adult male is second largest, and the young males are smallest. When a female dies, young males can turn into females to take its place. They don't have to travel in dangerous waters to find a mate. They simply change their role, and the community continues.

*clownfish 클라운피시, 흰동가리

**sea anemone 말미잘

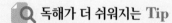

🔍 독해가 더 쉬워지는 Tip ....

turn into : ~이 되다, ~으로 변하다

The ice **turned into** water because of the hot weather.
(더운 날씨 때문에 얼음이 물로 **변했다**.)

don't have to + 동사원형 : ~할 필요가 없다

You **don't have to finish** your dinner if you are full.
(만약 배가 부르다면 저녁을 다 **먹을 필요가 없다**.)

1 **Which of the following is the best topic of the passage?**

① 클라운피시의 먹이

② 클라운피시가 짝을 찾는 방법

③ 클라운피시의 놀라운 능력

④ 클라운피시와 말미잘의 관계

⑤ 클라운피시가 공동체를 형성하는 방법

2 **Which of the following is NOT true according to the passage?**

① Clownfish keep both male and female parts.

② Wandering in the sea is dangerous for clownfish.

③ Clownfish stay in their own community.

④ The young male clownfish are the smallest in a clownfish community.

⑤ There are two female clownfish in a clownfish community.

3 **Why do clownfish live with sea anemones? Write the answer in Korean.**

_____

4 **Which of the following best fits in the blank?**

① For example   ② However   ③ In addition

④ Instead   ⑤ In fact

5 **What does the underlined "They" in the third paragraph refer to? (2 words)**

_____

magical 마술 같은 / ability 능력 / gender 성(性), 성별 / female 암컷의; 암컷 / part 부분 / choose 선택하다 / rarely 드물게, 좀처럼 ~하지 않는 / instead 대신에 / avoid 막다, 피하다 / area 지역 / adult 다 자란 / place 역할 / water 《복수형》(특정한 호수, 바다 등의) 물 / simply 간단히 / role 역할 / continue 계속되다

교육부 지정 중학 필수 어휘 🎧

정답 및 해설 p.41

personality	명 1. 성격, 인격 2. 개성
delightful	형 1. 기쁜, 즐거운 2. 매혹적인
depressed	형 우울한, 암울한
recommend	동 1. 추천하다 2. 권하다, 권장하다
observe	동 1. 보다, 목격하다 2. 관찰하다, 주시하다
toss	동 던지다, 내던지다
depend	동 1. 의존하다, 의지하다 2. ~에 달려있다, 좌우되다

아래 해석을 참고하여 다음 각 빈칸에 적절한 단어를 위의 목록에서 골라 쓰세요. (동사의 시제와 명사의 수에 유의)

1　The girl is ＿＿＿＿＿＿＿ because she had a fight with her best friend.

2　You'll like her ＿＿＿＿＿＿＿ because she is happy all the time.

3　I'm not sure if we are going camping tomorrow. It ＿＿＿＿＿＿＿ on the weather.

4　It was very ＿＿＿＿＿＿＿ meeting you.

5　Yesterday the researcher ＿＿＿＿＿＿＿ animals in a forest and took notes.

6　The kids are ＿＿＿＿＿＿＿ a ball to each other in the playground. They seem to be having fun.

7　The doctor ＿＿＿＿＿＿＿ me to take vitamins and exercise last week.

해석 1 그 여자아이는 가장 친한 친구와 싸웠기 때문에 우울하다. 2 그녀는 항상 행복하기 때문에 너는 그녀의 성격을 좋아할 것이다. 3 내일 우리가 캠핑을 갈 건지 확실하지 않다. 그것은 날씨에 달려있다. 4 당신을 만나서 즐거웠습니다. 5 어제 그 연구가는 숲에 있는 동물들을 관찰한 후, 메모했다. 6 아이들이 놀이터에서 서로에게 공을 던지고 있다. 그들은 재미있게 노는 것 같다. 7 그 의사는 지난주에 나에게 비타민을 먹고 운동할 것을 권했다.

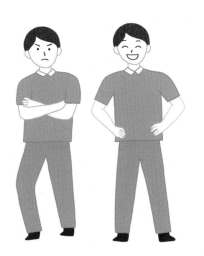

　　컵에 반 정도 따라져 있는 물을 보고 어떤 사람은 '물이 반이나 차 있네!'라고 생각하는 반면, 어떤 사람은 '에이, 물이 반밖에 없네.'라고 생각하지요. 이렇듯 같은 시간과 장소에서 같은 일을 겪더라도, 개인의 **personality**에 따라서 그 상황은 완전히 다르게 인식되곤 한답니다.

　　여기에 한 쌍둥이 형제의 이야기가 있어요. **비록 한 날한시에 태어났지만, 이 둘은 아주 많이 달랐다고 하는데요.** 두 사람에게 어떤 일이 있었는지 함께 읽어볼까요?

SEE THE NEXT PAGE! ≫

1　밑줄 친 personality에 해당하는 우리말을 고르세요.

① 취향　　　　② 성격　　　　③ 매력　　　　④ 경험

2　굵게 표시한 부분과 일치하도록 아래 단어를 알맞게 배열하여 문장을 완성하세요.

_____ at the same time,
they were very different. (they / born / were / even though)

교과서 지식 Bank

중2 국어 - 다양한 관점과 해석
똑같은 것을 보더라도 보는 사람의 관점에 따라 대하는 방식이 달라지는데요, 문학 작품 역시 바라보는 관점이나 방법에 따라 다양하게 해석될 수 있어요. 또, 읽는 사람의 경험이나 가치관도 작품 해석에 영향을 줄 수 있지요. 문학 작품을 읽을 때 다양한 관점과 방법으로 작품을 스스로 해석하고, 그에 대한 적절한 근거를 들어 본다면 더욱 즐거운 읽기를 할 수 있답니다.

Everyone said that the twins had very different personalities. One was always delightful and positive, and the other was always depressed and negative. Their parents wanted to know how different they were. So they took their children to a doctor.

5   The doctor came up with a plan to compare the twins' personalities. He told the parents to put the twins in separate rooms on their next birthday. There they would open their gifts alone. He also recommended the parents should give the negative boy the best things they could and give the positive boy a box of garbage. The parents followed his advice and carefully observed

10 their children.

When they went to the negative boy's room, they could hear him complaining loudly, "I don't like the color of this sweater, I'm confident that this computer will break soon, my friend got a bigger toy car than this," and on and on. Then the parents went to the positive boy's room. He was tossing

15 the garbage into the air with joy. He was laughing and said, "The next gift must be better than this."

We can learn a lesson from this story. It tells us that happiness really depends on _____. By changing yours, you can become much happier!

🔍 **독해가 더 쉬워지는 Tip** ••

on and on : 쉬지 않고, 계속해서

She kept talking **on and on**. She just did not stop.
(그녀는 **쉬지 않고** 이야기를 했다. 그녀는 멈추지 않았다.)

learn a lesson from : ~로부터 교훈을 얻다, ~에게서 한 수 배우다

You can **learn a lesson from** a past mistake. Don't blame yourself.
(너는 과거의 실수로부터 교훈을 얻을 수 있다. 자책하지 마라.)

1 **Which of the following is the best title of the passage?**

① A Special Gift Given for Being Positive
② Complaining Gets You Better Gifts
③ Why Twins Have Different Personalities
④ Being Positive Brings Happiness
⑤ How a Positive Boy Reacted to the Worst Gifts

2 **Which of the following is NOT true about the twins according to the passage?**

① 쌍둥이 둘 중 한 명은 항상 부정적이었다.
② 쌍둥이의 부모는 의사에게 아이들을 데려갔다.
③ 쌍둥이는 각자 혼자서 선물을 열어보았다.
④ 부정적인 성격의 아이는 가장 좋은 선물을 받았다.
⑤ 부정적인 성격의 아이는 자신이 받은 선물에 만족했다.

3 **Which of the following best fits in the blank?**

① what you get for a gift
② a person's attitude towards gifts
③ the environment you are in
④ a person's point of view
⑤ how your parents treat you

4 **Find the word in the passage which has the given meaning.**

very unhappy or sad

_____

positive 긍정적인 / negative 부정적인, 비관적인 / come up with ~을 생각해 내다 / compare 비교하다 / separate 분리된, 따로 떨어진 / garbage 쓰레기 / complain 불평하다 / confident 확신하는 / break 고장 나다 / on and on 쉬지 않고, 계속해서 / learn a lesson from ~로부터 교훈을 얻다, ~에게서 한 수 배우다
선택지 어휘 **3 point of view** 관점

교육부 지정 중학 필수 어휘 🎧

정답 및 해설 p.43

ash	명 1. 재 2. (화장한) 유골
bit	명 조금, 약간 ※ **a bit of** 약간의
spot	명 곳, 자리 동 발견하다, 찾다
cultivate	동 재배하다
law	명 법
demand	명 요구, 수요 동 요구하다, 필요로 하다
bother	동 신경 쓰다, 애를 쓰다 명 성가심, 성가신 일
hire	동 고용하다

아래 해석을 참고하여 다음 각 빈칸에 적절한 단어를 위의 목록에서 골라 쓰세요. (동사의 시제와 명사의 수에 유의)

1　There are black ＿＿＿＿＿＿＿＿ covering the whole city after the big fire.

2　I found the perfect ＿＿＿＿＿＿＿ to watch the fireworks that no one knows about.

3　The company ＿＿＿＿＿＿＿ new workers last week.

4　The lawyer read lists of ＿＿＿＿＿＿＿ out loud.

5　They ＿＿＿＿＿＿＿ oranges and apples every year.

6　I just want a ＿＿＿＿＿＿＿ of cheese. I don't want too much.

7　She never ＿＿＿＿＿＿＿ to clean her room, so her room is very dirty.

8　The citizens ＿＿＿＿＿＿＿ better roads from city officials last month.

해석 **1** 큰 화재 후, 검은 재가 온 도시를 뒤덮고 있다. **2** 나는 아무도 모르는, 불꽃놀이를 보기에 완벽한 자리를 찾았다. **3** 지난주에 그 회사는 새로운 직원들을 고용했다. **4** 그 변호사는 큰 소리로 법 목록을 읽었다. **5** 그들은 매년 오렌지와 사과를 재배한다. **6** 난 단지 약간의 치즈를 원한다. 많이 원하지는 않는다. **7** 그녀는 자신의 방을 청소하는 것을 신경 쓰지 않아서, 그녀의 방은 매우 더럽다. **8** 지난달, 시민들은 시 공무원에게 더 나은 도로를 요구했다.

주요한 환경 문제 중 하나가 쓰레기 관련 문제일 거예요. 지금 우리는 쓰레기 수거가 잘되는 환경에 살고 있어서 쓰레기 문제가 얼마나 심각한지 잘 깨닫지 못하지만, 사실 아주 심각하답니다. 몇 가지 예를 살펴볼까요? 영국에서는 매년 거의 8억 개 정도의 비닐봉지가 사용되고 있고, 대부분 한 번만 사용되고 버려져요. 계산해보면 **한 사람이 일 년에 약 135개를 쓰는 셈이지요.** 미국에서는 한 사람이 매일 약 2kg의 쓰레기를 버린다고 해요. 하지만 이런 쓰레기 관련 문제가 오늘날만의 골칫거리는 아니랍니다.

SEE THE NEXT PAGE! »

1 굵게 표시한 부분과 일치하도록 아래 빈칸에 적절한 단어를 쓰세요.

_____ plastic bags a year. (person / one / 135 / about / uses)

2 이 글의 내용과 일치하면 T, 그렇지 않으면 F를 쓰세요.

(1) 영국에서는 매일 거의 8억 개의 비닐봉지가 사용된다. _____
(2) 미국에서는 매일 한 사람이 약 2kg의 쓰레기를 버린다. _____
(3) 오늘날뿐만 아니라 예전에도 쓰레기 문제는 존재했다. _____

교과서 지식 Bank

중학 사회2 - 신·재생에너지 활용

환경 문제가 심각해지면서 세계 곳곳에서는 신·재생에너지를 활용하는 사례가 늘고 있어요. 한 예로, 스웨덴의 말뫼는 화석 연료를 사용하지 않고, 대신 발트 해에서 불어오는 바람을 이용해 전기를 생산하고 있어요. 음식물 쓰레기는 집 앞에 설치된 파이프를 통해 수거하여 차량용 바이오 에너지로 만들고, 빗물은 지하 저장고에 모았다가 나무에 물을 주는 용도로 사용한답니다.

A long time ago, people lived in small groups and looked for wild animals they could eat. At that time, there was not much garbage. The only thing left was ash from their fires and bits of old food. In 2000 B.C. in China, people
5 put old vegetables and fruit in one spot. After a few months, it changed into compost, which was used in their gardens to cultivate food.

The garbage problems started when people started to live in towns. In 500 B.C., the government of Athens didn't want a landfill site in the city. So, they made a law. It demanded that people should take their garbage and throw it away two kilometers outside the city walls.

10

In England, people used to throw their garbage out of their houses. It was very difficult for people to walk along the streets. Because the streets smelled bad and were very dirty, some people wore high shoes to keep their feet clean. In 1297, the government said that people who put waste in front of
15 their houses would be punished, but no one bothered to listen. Some people started to burn some in their houses, but they kept dumping the rest outside. In 1354, the English government hired special workers to take the garbage away and began to punish people with fines. This was the first garbage collection.

*compost 퇴비

 독해가 더 쉬워지는 Tip ••

demand (that) + 주어 + (should) + 동사원형 : ~가 …하는 것을 요구하다

*절 안에 있는 should는 생략하고 주어 다음에 바로 동사원형이 올 수 있어요.

He **demanded that** his room **should be** cleaned before noon.
= He **demanded** his room **be** cleaned before noon.
(그는 자신의 방이 정오 전에 청소될 것을 **요구했다**.)

The customer **demanded that** she **should get** a refund on her ticket.
= The customer **demanded** she **get** a refund on her ticket.
(그 손님은 자신의 표 환불을 **요구했다**.)

1   Which of the following is the best topic of the passage?

① the efforts to keep a city clean
② the history of garbage collection
③ why people throw their garbage outside
④ different ways people took care of garbage in the past
⑤ the strong punishment for throwing garbage in England

2   Which of the following is NOT true according to the passage?

① Garbage was not a problem until people began to live in towns.
② Ancient Chinese people used old food for their gardens.
③ In Athens, there was a big landfill site to throw away garbage.
④ The streets in England were very dirty and filled with garbage.
⑤ In 1354, special workers in England started to collect garbage.

3   Why did some people wear high shoes when they walked along the streets in England? Write the answer in Korean.

_____

4   Find the word in the passage which has the given meaning.

the black or grey powder which is made when something burns

_____

5   Which of the following can the underlined sentence change into?

① It demanded that people took their garbage and threw it away two kilometers outside the city walls.
② It demanded people to take their garbage and throw it away two kilometers outside the city walls.
③ It demanded people take their garbage and throw it away two kilometers outside the city walls.

government 정부, 정권 / landfill 쓰레기 매립지 / site 용지, 부지 / waste 쓰레기 / punish 벌하다, 처벌하다 / dump 버리다 / rest 나머지, 잔여물 / fine 벌금 / collection 수거
선택지 어휘 1 effort 수고 / punishment 벌, 처벌

04

박지원의 양반전

교육부 지정 중학 필수 어휘 🎧

정답 및 해설 p.45

moral	형 도덕적인	
	명 도덕률, 교훈	
grain	명 1. 곡물 2. 낟알	
sum	명 총액, 합계	
	동 1. 합계하다 2. 요약하다	
debt	명 빚, 부채	
prison	명 교도소, 감옥	
status	명 1. 신분, 지위 2. 상태, 사정	
officer	명 관리, 공무원	
beg	동 간청하다, 애걸하다	
advantage	명 장점, 이점	

아래 해석을 참고하여 다음 각 빈칸에 적절한 단어를 위의 목록에서 골라 쓰세요. (동사의 시제와 명사의 수에 유의)

1 He went to _____ after he got caught stealing money.

2 The _____ of the prices of the items is $120.

3 She _____ her mom to allow her to go on a trip with her friends.

4 He told the truth to the police because he was a _____ man.

5 An _____ came from City Hall and answered the villagers' questions.

6 There are _____ of living in a small town. It is quiet and peaceful.

7 The farmer sold the _____ that he harvested at the market.

8 _____ systems don't exist today, but people still aren't equal.

9 His business was going badly, and his _____ was growing quickly.

해석 **1** 그는 돈을 훔치다가 잡힌 후, 교도소에 갔다. **2** 물건들의 총액은 120달러다. **3** 그녀는 엄마에게 친구들과 여행을 가게 해달라고 간청했다. **4** 그는 도덕적인 사람이기 때문에 경찰에게 사실대로 이야기했다. **5** 시청에서 한 공무원이 나와 마을 주민들의 질문에 대답했다. **6** 작은 도시에 사는 것에는 장점들이 있다. 그곳은 조용하고 평화롭다. **7** 그 농부는 자신이 수확한 곡물을 시장에 팔았다. **8** 오늘날 신분 제도는 존재하지 않지만, 사람들은 여전히 평등하지 않다. **9** 그의 사업은 잘 되어가지 않았고, 빚은 빠르게 늘어나고 있었다.

조선 시대에는 신분제도가 있어서 양반(nobleman)과 평민의 생활이 매우 달랐어요. 몇몇 양반들은 자신의 <u>status</u>가 더 높다는 이유만으로 평민들에게 횡포를 부렸고, 평민들은 그런 양반들 때문에 괴로워하곤 했답니다. 그런데 조선 후기에 이르자 돈을 많이 모은 평민들이 생기면서 양반 신분을 사고파는 일이 일어나게 되었어요. 당시의 상황을 소설 속에 잘 그려낸 인물이 바로 연암 박지원 선생이랍니다. 박지원은 조선 시대 최고의 베스트셀러 작가라고 불리기도 하는데요, 양반전, 허생전, 호질 등의 작품에서 당시 양반의 위선과 무능함을 적나라하게 드러냈답니다.

SEE THE NEXT PAGE! »

1 밑줄 친 status에 해당하는 우리말을 고르세요.

① 관리   ② 신분   ③ 장점   ④ 부채

2 이 글의 내용과 일치하면 T, 그렇지 않으면 F를 쓰세요.

(1) 조선 초기에는 돈으로 양반 신분을 사고팔 수 있었다. _____

(2) 연암 박지원 선생은 조선 시대의 베스트셀러 작가였다. _____

(3) 박지원은 소설에 양반들의 훌륭함을 담아냈다. _____

교과서 지식 Bank

중학 역사1 - 실학의 등장

조선 후기에 가난한 백성들의 생활은 더욱 어려워졌는데, 당시의 유학자들은 실생활과 관련 없는 이론과 예법만을 중요하게 생각했어요. 이에 생활에서 잘 쓰이고 생활을 풍족하게 하는 학문이 연구되기 시작했는데, 그걸 실학이라고 하고, 실학을 연구한 사람들을 실학자라고 해요. 양반전을 지은 연암 박지원 선생도 당시의 실학자 중 한 명이랍니다.

Once upon a time, there was a man from a noble class. He was very intelligent and moral, and read a lot of books. However, this man was also very poor, so he often borrowed grain from the government office. In several years, the sum of his debts was enormous, and he was thrown in prison.
5 The nobleman didn't know what to do. Then, a rich man from a lower class offered to buy his status from him. He agreed, and the rich man paid his debt.

Since the rich man was now a nobleman, ⓐ he had to learn how to act like a nobleman. So, ⓑ he went to a government officer to learn the rules. But there were so many! He had to wake up early, walk slowly, and read many
10 books. ⓒ He couldn't touch money or even take off his socks on hot days! These things disappointed the new nobleman very much! He begged the officer to tell him some advantages of nobleman life. So, ⓓ he told him that he can take things from others of lower classes and make himself powerful. After hearing that, the new nobleman said there's no difference between a
15 nobleman and a thief. ⓔ He gave up the nobleman life and ran away.

🔍 독해가 더 쉬워지는 Tip ··

what to + 동사원형: 무엇을 ~해야 할지

I don't know **what to make** for her birthday gift.
(나는 그녀의 생일 선물로 **무엇을 만들어야 할지** 모르겠다.)

how to + 동사원형: 어떻게 ~하는지, ~하는 방법

Ask me if you're not sure **how to turn on** the light.
(불을 **어떻게 켜는지** 잘 모르겠으면 나한테 물어봐.)

Do you know **how to make** a pancake?
(너는 팬케이크 **만드는 방법**을 아니?)

1 **Which of the following is the best title of the passage?**

① Like Father, Like Son
② The First Step Is Always the Hardest
③ Out of Sight, Out of Mind
④ The Grass Is Always Greener on the Other Side
⑤ No News Is Good News

2 **Which of the following is NOT a rule of being a nobleman?**

① 일찍 일어날 것
② 천천히 걸을 것
③ 돈을 만지지 말 것
④ 남의 것을 빼앗지 말 것
⑤ 더운 날에도 양말을 벗지 말 것

3 **Which of the following is different among the underlined ⓐ ~ ⓔ?**

① ⓐ   ② ⓑ   ③ ⓒ   ④ ⓓ   ⑤ ⓔ

4 **Complete the summary by choosing the correct choices below for each blank.**

> The poor nobleman had lots of (1) _____ . So, he went to prison. The rich man from a lower class paid his debt and gained his (2) _____ in return. However, the rich man wasn't happy. There were many (3) _____ for being a nobleman. The only thing he could do was to take things from others in the lower class. He thought a nobleman was no different from (4) _____ .

① a thief   ② rules   ③ debt
④ grain   ⑤ status

noble 귀족, 양반 / class 계급, 계층 / intelligent 총명한, 똑똑한 / enormous 막대한, 엄청난 / offer 제안하다 / disappoint 실망시키다 / thief 도둑 / give up 포기하다
선택지 어휘 1 sight 시야

Chapter 06

What to Learn

많은 관광객들이 찾는 나라 중 하나인 이탈리아에 대해 좀 더 자세히 읽어 봐요.

바쁜 현대인들에게 인기는 많지만 건강에는 매우 해로운 패스트푸드에 맞서 시작된 '슬로푸드 운동'에 관해 자세히 알아봅시다.

복식 호흡이 우리에게 주는 여러 이점들에 대해 읽어봅시다.

세계 어느 곳에서나 여러 게임에 사용되는 주사위는 옛날 우리나라 사람들도 즐겨 사용하곤 했답니다.

독해가 더 쉬워지는 Tip

That is why + 주어 + 동사

those who

prevent A from -ing

when (주어 + 동사) -ing

교육부 지정 중학 필수 어휘 🎧

정답 및 해설 p.48

movement	명 1. 움직임, 동작 2. 이동, 이사 3. (정치적 · 사회적) **운동**	
arise – arose – arisen	동 **일어나다, 발생하다**	
attraction	명 1. 끌림, 매력 2. (사람을 끄는) **명소, 명물**	
generation	명 (부모의 대, 자식의 대 등의) **대, 세대**	
gun	명 1. 《군사》 대포, 포 2. (통속적으로) **총**	
bullet	명 (소총 · 권총의) **총알, 탄환**	
audience	명 **관중, 관객**	
origin	명 **기원, 유래**	
brick	명 **벽돌**	

아래 해석을 참고하여 다음 각 빈칸에 적절한 단어를 위의 목록에서 골라 쓰세요. (동사의 시제와 명사의 수에 유의)

1 We live in an apartment building in a city. But my father wants to move to a(n) _____ house in the country side.

2 Some problems _____ over the plan to build a park near the lake.

3 He was really nervous because he had to make a speech in front of a large _____.

4 This painting has a very long history, so no one knows the _____ of it.

5 He joined the peace _____ because he wanted the war to end.

6 The tour guide led the tourists to many _____ in Rome.

7 The police officer tried to shoot the criminal, but the gun had no _____.

8 We have to protect our environment for the future _____.

9 He reached for his _____ to shoot the target.

해석 1 우리는 도시에 있는 아파트 빌딩에 산다. 하지만 아버지께서는 시골의 벽돌집으로 이사 하고 싶어 하신다. **2** 호수 근처에 공원을 짓기로 한 계획에 몇 가지 문제가 발생했다. **3** 많은 관중 앞에서 연설해야 했기 때문에 그는 매우 긴장하였다. **4** 이 그림은 아주 오랜 역사를 가지고 있다. 그래서 아무도 그 기원을 모른다. **5** 전쟁이 끝나길 바랐기 때문에 그는 평화 운동에 참여하였다. **6** 여행 가이드는 관광객들을 로마의 많은 명소로 안내했다. **7** 경찰은 범인을 쏘려고 했으나, 총에 총알이 없었다. **8** 우리는 다음 세대들을 위해 환경을 보호해야 한다. **9** 그는 과녁을 쏘기 위해 자신의 총에 손을 뻗었다.

이탈리아는 유럽 중남부에 위치한 나라예요. 그곳은 북쪽으로 프랑스, 스위스, 오스트리아와 슬로베니아와 접한 곳이에요. 장화처럼 생긴 이 나라는 **세계에서 관광객들이 가장 많이 방문하는 나라 중 하나이기도 해요.** 왜 사람들은 이탈리아에 가고 싶어 할까요? 정치, 예술, 건축 관련 오래된 역사를 가지고 있으며, 여러 신전 등 고대 로마 문명의 흔적이 많이 남아있기 때문이요. 또한, 아름다운 자연경관과 다양한 관광명소 그리고 전 세계인을 사로잡은 음식도 즐길 수 있답니다. 당신은 이탈리아를 생각할 때 무엇이 가장 먼저 떠오르나요?

SEE THE NEXT PAGE! ≫

1 이 글의 내용과 일치하도록 아래 빈칸에 들어갈 알맞은 말을 고르세요.

Italy has a long history, beautiful scenery, and various tourist
_____.

① generation   ② movement   ③ attractions   ④ ingredients

2 굵게 표시한 부분과 일치하도록 아래 단어를 알맞게 배열하여 문장을 완성하세요.

Italy is _____
by tourists. (in the world / visited / one / of the most / countries)

중학 사회1 - 온대 기후 지역 관광지

중위도 지역에서는 계절 변화가 뚜렷한 온대 기후가 나타나요. 우리나라도 온대 기후 지역인데, 여름에 기온이 높고 강수량이 높은 반면 겨울에는 기온이 낮고 강수량이 적지요. 이탈리아도 우리와 같은 온대 기후 지역이긴 하지만 바다의 영향을 많이 받아 여름에 덥고 건조하며 겨울은 비교적 따뜻하고 강수량이 많은 지중해성 기후가 나타나요. 여름에 맑은 날이 지속되어 일광욕과 해수욕을 즐기기 좋고, 다양한 문화 유적이 많이 남아 있어 매력적인 여행지랍니다.

The cultural movement known as the Renaissance arose here in the 14th century and later spread to the rest of Europe. That's why many people describe Italy as the _____ of history, culture, and art. There are world famous museums such as the Uffizi Gallery in Florence and the

5 Capitoline Museums in Rome. Many tourists from all over the world visit to see beautiful artwork by artists like Leonardo Da Vinci and Michelangelo.

The Colosseum also has been one of the most visited tourist attractions in Italy for generations. ① It was used as a stadium for gladiators in the Roman Empire. ② Gladiators had to fight to the death against another person or

10 a wild animal. ③ There were no guns or bullets at that time. ④ They had to fight only with a sword. ⑤ People felt sorry for the gladiators, so no one would watch the games. It was one of the most popular sports at that time. The stadium could hold an audience of 50,000 people.

Last but not least, Italy is known as the origin of the modern pizza. Who

15 invented pizza? No one knows, but it happened in Naples, Italy. Different kinds of pizza come from different areas. Of all, pizza margherita is the most famous. The ingredients are only tomato, basil, and mozzarella cheese. It is usually baked in a traditional, wood-fired brick oven.

*gladiator (고대 로마의) 검투사

🔍 **독해가 더 쉬워지는 Tip** •

That is why + 주어 + 동사: 그것이 ~한 이유이다[그래서 ~인 것이다]

Too much sunlight can damage your skin. **That's why** it is important to wear sunscreen.
(너무 많은 햇빛은 너의 피부를 손상시킬 수 있다. **그래서** 자외선 차단제를 바르는 것이 중요**하다**.)

He is always kind to others. **That is why** he has so many friends.
(그는 항상 다른 사람들에게 친절하다. **그것이** 그가 그렇게 많은 친구가 **있는 이유이다**.)

1 Which of the following is the best topic of the passage?

① how to make margherita pizza
② how the Renaissance affected Italy
③ the most famous attractions in Italy
④ museums of famous artworks in Italy
⑤ how to plan a trip to Italy

2 Which of the following is NOT true according to the passage?

① 르네상스의 발원지는 이탈리아이다.
② 이탈리아의 미술관에서 미켈란젤로의 작품을 볼 수 있다.
③ 콜로세움에서 검투사들은 죽을힘을 다해 싸웠다.
④ 콜로세움 경기장은 최대 5만 명을 수용할 수 있었다.
⑤ 나폴리에서 가장 유명한 요리사가 피자를 처음 만들었다.

3 Which of the following best fits in the blank?

① failure   ② center   ③ experience
④ doubt   ⑤ trouble

4 Which of the following is NOT appropriate in the passage?

①   ②   ③   ④   ⑤

5 What does the underlined "It" in the third paragraph refer to? (2 words)

_____

cultural 문화의, 문화적인 / spread 퍼지다, 확산되다 / rest (어떤 것의) 나머지 / describe 묘사하다 / such as ~와 같은 / tourist 관광의 / artwork 미술품 / stadium 경기장 / the Roman Empire 로마 제국 / fight to (the) death 죽을힘을 다해 싸우다 / wild 야생의 / sword 검, 칼 / hold 수용하다 / last but not least 마지막으로 그러나 역시 중요하게 / modern 현대의, 근대의 / invent 발명하다 / ingredient 재료 / basil 바질 《허브의 일종》 / traditional 전통의, 전통적인

교육부 지정 중학 필수 어휘 🎧

정답 및 해설 p.50

chief	명 우두머리, 추장, 두목
	형 **주된, 주요한**
purpose	명 **목적, 결심**
	동 작정하다, 결심하다
pace	명 **속도**
	동 1. 걷다 2. 속도를 유지하다
industry	명 **산업, 업**
principle	명 **원칙, 신조**
consume	동 1. **소비하다** 2. 마구 쓰다, 낭비하다
remind	동 **상기시키다, 다시 한 번 알려주다**
	※ **remind A of B** A에게 B를 상기시키다
insist	동 1. 강요하다, 조르다 2. **우기다, 주장하다**

아래 해석을 참고하여 다음 각 빈칸에 적절한 단어를 위의 목록에서 골라 쓰세요. (동사의 시제와 명사의 수에 유의)

1   He never lies. It is one of his _____.

2   The _____ cause of traffic problems in this city is the small roads.

3   The little boy _____ that he did not break the vase, but nobody believed him.

4   As most people use smartphones these days, the smartphone _____ is getting larger.

5   Exercising _____ a lot of energy.

6   The _____ of this meeting is to make a new business plan.

7   The cold weather outside _____ me that it was December already.

8   He moved to the countryside to enjoy a slow _____ of life.

해석 **1** 그는 절대로 거짓말을 하지 않는다. 그것은 그의 <u>원칙</u> 중 하나이다. **2** 이 도시의 교통 문제의 <u>주된</u> 요인은 좁은 도로이다. **3** 그 작은 소년은 꽃병을 깨지 않았다고 <u>우겼지만</u>, 아무도 그를 믿지 않았다. **4** 요즘 대부분 사람이 스마트폰을 사용하게 되면서, 스마트폰 <u>산업</u>은 더 커지고 있다. **5** 운동하는 것은 많은 에너지를 <u>소비한다</u>. **6** 이 회의의 <u>목적</u>은 새로운 사업 계획을 세우는 것이다. **7** 바깥의 추운 날씨는 나에게 벌써 12월이라는 것을 <u>상기시켰다</u>. **8** 그는 느린 <u>속도</u>의 삶을 즐기기 위해서 시골로 이주했다.

미국에서 「슈퍼 사이즈 미(**Super Size Me**)」라는 다큐멘터리 영화가 나왔을 때, **많은 사람들은 충격에 빠졌어요.** 영화의 감독이자 주인공이 한 달 동안 맥도날드의 슈퍼 사이즈 메뉴만 먹고 몸의 변화를 관찰했는데, 한 달 만에 체중이 약 11kg 증가했고 신체 나이는 23.2세에서 27세로 늘어났어요. 이 영화가 강조하는 것 중 하나가 패스트푸드의 해로움인데요, 이 영화보다 먼저 패스트푸드에 맞서고 더 나아가 지역 농산품을 consume하도록 장려하는 운동이 있었답니다. 1986년에 이탈리아의 한 운동가에 의해 시작된 이 운동은 항상 시간에 쫓겨 패스트푸드만 찾는 우리들을 위한 중요한 메시지를 담고 있어요.

SEE THE NEXT PAGE! »

1 굵게 표시한 부분과 일치하도록 아래 단어를 알맞게 배열하여 문장을 완성하세요.

> When *Super Size Me* came out in the U.S., _____
> _____. (in / many / were / people / shock)

2 밑줄 친 consume에 해당하는 우리말을 고르세요.

① 상기시키다 　　　② 강요하다 　　　③ 소비하다

중2 국어 - 삶의 방식과 속도
오늘날 우리 사회에 퍼져 있는 빨리빨리 문화로 인해 고속 성장이 가능하기도 했지만, 그 이면에는 부실공사로 인한 건물 붕괴, 교통사고, 경쟁으로 인한 스트레스 등의 부작용도 많아요. '느림'은 우리를 기본과 원칙에 충실하게 하는 것이며 이를 실천함으로써 더 건강하고 여유로운 삶을 누릴 수 있으니, 느림의 가치를 깨닫고 실천하자는 것이 중요하답니다.

The Slow Food Movement first began with an organization called Arcigola. In 1986, it was started to fight against the opening of a McDonald's, the famous fast-food restaurant. The chief purposes of the movement are to protect local traditions, good food, and a slow pace of life. It also supports
5 the use of local farming and small businesses instead of the globalization of agricultural products and big-chain food industries.

The Slow Food Movement has three prime principles: good, clean, and fair. They stand for good quality food, clean production that does not harm the environment, and fair prices and conditions for both those who consume
10 and produce. Over 30 years after it began, the Slow Food Movement now includes over 100,000 members with branches in over 150 countries.

The principles of the Slow Food Movement all sound good for us and for the planet. It reminds us of the old ways of life that people today have forgotten. However, some people insist that following the principles of the
15 Slow Food Movement is too hard. They say that people these days don't have time to cook their meals in traditional ways.

 독해가 더 쉬워지는 **Tip** ●

those who : ~인 사람들

Those who didn't do the homework have to do it by tomorrow.
(숙제를 하지 않은 **사람들은** 그것을 내일까지 해야 한다.)

Those who have questions should talk to the teacher.
(질문이 있는 **사람들은** 선생님에게 말해야 한다.)

1   **Which of the following is the best topic of the passage?**

① the founder of the Slow Food Movement
② those who support the Slow Food Movement
③ the Slow Food Movement and McDonald's
④ the purpose and the principles of the Slow Food Movement
⑤ how to participate in the Slow Food Movement

2   **Which of the following is NOT true about the Slow Food Movement?**

① 유명 체인 레스토랑의 개점을 반대하며 시작되었다.
② 지역의 농업과 소규모의 사업 이용을 지지한다.
③ 환경에 해를 끼치지 않는 생산 방식을 지지한다.
④ 생산자가 공정한 가격을 받는 것에 주된 초점이 있다.
⑤ 운동의 원칙을 따르는 것이 어렵다고 생각하는 사람도 있다.

3   **Which of the following has the same meaning as "chief" in the first paragraph?**

(a) The chief idea was selling the products at a higher price.
(b) The chief of the tribe stood up in front of the crowd.

4   **What are the three principles of the Slow Food Movement? Use the words from the passage.**

_____, _____, _____

5   **Find the word which fits in the blanks (A) and (B) from the passage.**

(1) The girl walked at a quick ____(A)____ on the dark street.
(2) It is important to ___(B)___ yourself since it's a long race.

_____

organization 조직, 단체 / local 현지의, 지역의 / tradition 전통 / support 지지하다, 지원하다 / globalization 세계화 / agricultural 농업의 / prime 주된 / stand for 지지하다 / branch 지사, 분점
선택지 어휘 1 founder 창립자 / participate 참여하다

교육부 지정 중학 필수 어휘 🎧

정답 및 해설 p.52

breathe	통 숨을 쉬다, 호흡하다
breathing	명 호흡
technique	명 기법, 기술
organ	명 1. (인체 내의) **장기, 장기 기관** 2. (악기) 오르간
smooth	형 1. 매끄러운 2. (일의 진행 등이) **순조로운, 매끄러운**
chest	명 가슴, 흉부
expand	통 넓히다, 확장하다
professional	형 1. 직업의, 전문직의 2. **전문의, 본업으로 하는**

아래 해석을 참고하여 다음 각 빈칸에 적절한 단어를 위의 목록에서 골라 쓰세요. (동사의 시제와 명사의 수에 유의)

1   He had the flu last week. His _____ was quick because of the fever.

2   She is so good at tennis that she is thinking of becoming a _____ player.

3   When you relax in a quiet room, you can hear your heart beating in your _____.

4   The soccer player's shooting _____ is the best in the world.

5   The brain is a very important _____ of the body.

6   The king _____ his land after many wars. His kingdom became very big.

7   A baby's skin is as soft and _____ as silk.

8   People _____ faster than usual when they run.

해석 **1** 그는 지난주에 독감에 걸렸다. 그의 호흡은 열 때문에 가빴다. **2** 그녀는 테니스를 너무 잘해서 프로 선수가 되는 것을 생각하고 있다. **3** 조용한 방에서 휴식을 취할 때, 가슴에서 심장이 뛰는 것을 들을 수 있다. **4** 그 축구 선수의 슈팅 기술은 세계 최고이다. **5** 뇌는 신체의 아주 중요한 장기이다. **6** 그 왕은 많은 전쟁 후에 자신의 영토를 확장했다. 그의 왕국은 매우 커졌다. **7** 아기의 피부는 실크만큼 부드럽고 매끄럽다. **8** 사람들은 달릴 때, 평상시보다 더 빨리 숨을 쉰다.

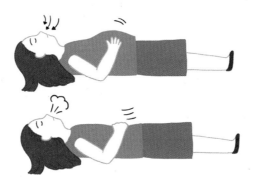

자, 배를 부풀린다는 느낌으로 숨을 천천히 들이마셨다가 뱃속의 공기가 다 빠져나갈 때까지 천천히 숨을 내뱉어보세요. 여러분은 지금 복식 호흡(abdominal breathing)을 한 거예요. 평소 하던 호흡과 다르다는 게 느껴지나요? 복식 호흡이란 배를 이용해 숨 쉬는 것을 말하는데요, 우리는 보통 <u>chest</u>로 호흡하는 것에 익숙해져 있어서 다르게 느껴지는 거랍니다. 갓 태어난 아기들은 복식 호흡을 하는데, 자라면서 점점 <u>chest</u>로 호흡하게 되는 것이죠. 하지만 **세상에서 가장 오래 산다고 알려진 고래, 거북이, 코끼리 같은 동물들은 복식 호흡을 통해 느리게 숨을 쉬어요.** 장수한다는 동물들이 사용하는 호흡법이라는 걸 알고 나니 복식 호흡이 건강과 관련이 있는 것 같지요? 과연 어떤 비밀이 숨어 있는 걸까요?

SEE THE NEXT PAGE! »

1   **밑줄 친 chest에 해당하는 우리말을 쓰세요.**

_____

2   **굵게 표시한 부분과 일치하도록 아래 빈칸에 알맞은 단어를 고르세요.**

> Animals like whales, turtles, and elephants − known to live longest in the world − _____ slowly with abdominal breathing.

① expand   ② breathe   ③ relieve

교과서 지식 Bank

중2 과학 - 호흡 운동
근육 운동을 통해 혈액을 온몸으로 보내는 심장과 달리, 폐는 근육이 없어서 스스로 호흡 운동을 할 수가 없어요. 대신 횡격막과 갈비뼈의 움직임으로 생기는 압력 변화에 의해 호흡 운동을 한답니다.

There are several benefits you can get from abdominal breathing. First of all, it helps you relieve stress. You take in more oxygen when using this breathing technique. Delivering more oxygen to the cells, it makes your body feel relaxed and relieves stress. ① It also improves digestive processes.
5 ② When you breathe with abdominal breathing, you use your belly muscles. These muscles then move other organs around your belly. ③ This makes digesting food easier and smoother. ④ For any digestive problems you may have, try abdominal breathing. ⑤ Hot tea and other warm drinks can also help with digestion.

10 If you are planning to go on a diet, abdominal breathing can help with that, too! Did you know that abdominal breathing burns many more calories than just breathing with your chest? Also, just by breathing with abdominal breathing for one hour, you can burn as many calories as riding a bike for 30 minutes. _____, when you exercise with abdominal breathing,
15 it gives your lungs more space to expand. That's why professional singers, actors, speakers, and athletes practice this way of breathing — as the lungs can hold more oxygen, it prevents them from getting tired easily and keeps their voice strong.

*abdominal 복부의

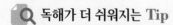

🔍 독해가 더 쉬워지는 **Tip** ••

prevent A from -ing : A가 ~하는 것을 막다

The medicine **prevents the cancer from spreading** to other parts of the body.
(그 약은 **암이** 신체의 다른 부위로 **퍼지는 것을 막는다**.)

How can we **prevent accidents like that from happening**?
(어떻게 우리는 **그와 같은 사고들이 일어나는 것을 막을** 수 있을까?)

1 Write T if the statement is true or F if it is false.

(1) 복식 호흡은 몸 속 세포에 더 많은 산소를 전달한다. _____

(2) 가슴으로 한 시간 동안 숨 쉬는 것은 30분 동안 자전거를 타는 것만큼의
칼로리를 소모한다. _____

(3) 복식호흡을 하면 쉽게 피곤해지지 않으며 목소리에 힘이 실린다. _____

2 Which of the following is NOT appropriate in the passage?

①   ②   ③   ④   ⑤

3 Which of the following best fits in the blank?

① However   ② Moreover   ③ For example

④ Therefore   ⑤ Otherwise

4 Complete the table below with appropriate words from the box. Change the form if necessary.

(A) _____ of Abdominal Breathing

1. It (B) _____ stress.	2. It helps (C) _____ processes.
3. It (D) _____ many calories.	4. It (E) _____ more oxygen to lungs.

burn / relieve / benefit / digestive / provide

benefit 이익, 이점 / relieve (고통 등을) 덜다, 완화하다 / take in 섭취하다, 마시다 / oxygen 산소 / deliver 전달하다 / cell 세포 / relaxed 편안한 / improve 개선되다, 나아지다 / digestive 소화의 cf. digest 소화하다 / process 과정 / belly 배, 복부 / muscle 근육 / go on a diet 다이어트를 시작하다 / calorie 칼로리 / lung 폐 / athlete 운동선수 / hold (사물을) 담다 / prevent 막다, 예방하다

교육부 지정 중학 필수 어휘 🎧

정답 및 해설 p.54

phrase	몡 구, 어구
refer	통 1. 알아보다, 조회하다 2. **가리키다** ※ **refer to A** A를 가리키다
order	몡 1. 순서 2. 명령 통 1. **명령하다** 2. 주문하다
area	몡 1. 지역, 구역 2. **면적**
balanced	혱 균형 잡힌, 안정된
sort	몡 **종류, 유형** 통 분류하다, 구분하다
professor	몡 **교수**

아래 해석을 참고하여 다음 각 빈칸에 적절한 단어를 위의 목록에서 골라 쓰세요. (동사의 시제와 명사의 수에 유의)

1   What _____ of food do you like the most?

2   My math teacher asked me to find the _____ of a triangle.

3   My mom _____ me to clean up my room yesterday.

4   My dad is a _____. He teaches at a university.

5   I can't remember the exact _____ from the book, but it was very touching.

6   It is important to eat _____ meals for your health.

7   A "mocha" _____ to a coffee with chocolate and cream in it.

해석 1 당신이 가장 좋아하는 종류의 음식은 무엇입니까? 2 우리 수학 선생님은 나에게 삼각형의 면적을 구하라고 시키셨다. 3 우리 엄마는 어제 내 방을 정리하라고 명령하셨다. 4 우리 아빠는 교수다. 그는 대학에서 가르치신다. 5 그 책의 정확한 어구는 기억나지 않지만, 그것은 매우 감동적이었다. 6 건강을 위해 균형 잡힌 식사를 하는 것은 중요하다. 7 '모카'는 초콜릿과 크림이 들어간 커피를 가리킨다.

주사위는 게임을 할 때 많이 사용되곤 하는데요, 주사위의 기원에 대해서는 정확히 알려지지 않고 있어요. 하지만 **고대 이집트에도 현재의 주사위와 똑같은 주사위가 있었다고 해요**. 그 당시 이집트인들이 주사위를 가지고 게임을 했다고 하니, 주사위의 역사는 정말 오래되었네요! 그 후, 다양한 형태의 주사위가 그리스, 로마, 지중해로 건너갔어요. 17세기 무렵부터 유럽에 복잡한 주사위 게임이 퍼지게 되었고, 이후에 미국을 비롯한 세계 각국으로 전파되었지요. 우리나라 경주의 옛 궁터에서도 참나무로 만든 주사위와 비슷한 것이 발견되었어요. 이 주사위의 이름은 주령구(Juryeongu)인데요, 다른 주사위와 다른 점이 있어요. 바로 정육면체가 아닌 14면체라는 점이지요.

SEE THE NEXT PAGE! »

1　굵게 표시한 부분과 일치하도록 아래 단어를 알맞게 배열하여 문장을 완성하세요.

In ancient Egypt, _____
_____ existed. (that / today / we / the same / dice / type of / have)

2　이 글의 내용과 일치하면 T, 그렇지 않으면 F를 쓰세요.

(1) 주사위의 기원은 정확히 알려지지 않고 있다.　　　　　_____

(2) 고대 이집트인들의 주사위는 지금의 주사위와 달랐다.　　_____

(3) 주령구는 정육면체이다.　　　　　_____

교과서 지식 Bank

중2 수학 - 사건과 경우의 수

사건은 같은 조건에서 반복할 수 있는 실험이나 관찰에 의해 나타나는 결과를 말하고, 경우의 수는 사건이 일어나는 가짓수를 말해요. 예를 들어, 한 개의 주사위를 던질 때 짝수의 눈이 나오는 사건은 2, 4, 6이 나오는 것이고, 따라서 경우의 수는 3이 되는 것이지요.

There is a diverse range of dice found in other countries. They are often made to play games. Sometimes, there are words or phrases on the sides instead of numbers. The ancient dice found in Gyeongju were the same type as these. (①) The sides said things like "drink a glass and laugh out loud" or "dance without music." So, these 14-sided dice were perhaps made for games. (②) The dice were named "Juryeongu." It refers to "a toy that is used when ordering someone to drink." Because it is impossible to make a regular polygon with 14 sides, Juryeongu were made with 6 squares and 8 hexagons. (③) In order to get similar chances for each side, the areas of the sides had to be similar. The weight also had to be balanced. (④) So,

the hexagons had to be a special shape. This sort of shape looks like a long triangle. Still, nobody knew the real chances of getting a particular side. Then in 1987, a professor from Dankook University threw a Juryeongu 7,000 times. (⑤) It seems that Juryeongu were very well-made!

*regular polygon 정다각형

**hexagon 육각형

🔍 독해가 더 쉬워지는 **Tip** ••••••••••••••••••••••••••••••••••

when (주어 + 동사) -ing: ~할 때

When you go out, can you run some errands for me?
= **When going** out, can you run some errands for me?
(외출할 때, 심부름 좀 해줄 수 있니?)

When you are swimming in the pool, you must wear a swimming cap.
= **When swimming** in the pool, you must wear a swimming cap.
(수영장에서 **수영할 때**, 너는 반드시 수영모를 써야 한다.)

1 **Which of the following is the best title of the passage?**

① Ancient People Who Liked to Drink and Play
② The Various Dice in the World
③ Ancient Korean Dice Found in Gyeongju
④ What Is the Secret of the Perfect Dice?
⑤ How to Play Games with Dice

2 **Where would the following sentence best fit?**

The number of times he saw each side was about 500.

①　　　　　②　　　　　③　　　　　④　　　　　⑤

3 **Fill in the blanks with the words in the box below. Change the form if necessary.**

Though Juryeongu were (1) _____ with 14 sides with two different shapes, the areas of the sides were (2) _____, and the weight was (3) _____.

game / name / balanced / chance / similar

4 **Find the word which fits in the blanks (A) and (B) from the passage.**

(1) I have to ___(A)___ the mail before my mom comes home.
(2) This ___(B)___ of question is easy to solve.

_____

diverse 다양한, 여러 가지의 / **dice** 주사위 / **ancient** 고대의 / **perhaps** 아마, 어쩌면 / **square** 정사각형 / **triangle** 삼각형 / **particular** 특정한, 특수한
선택지 어휘 1 various 여러 가지의, 다양한

MEMO

MEMO

쎄듀교재맵

	초 3-4	초 5-6	중등			예비 고1	고등			
	Lv. 1	Lv. 2	Lv. 3	Lv. 4	Lv. 5	Lv. 6	Lv. 7	Lv. 8	Lv. 9	Lv. 10
종합 (문법·어법·구문·독해·어휘)						쎄듀 종합영어				
구문	초등코치 천일문 Sentence 1, 2, 3, 4, 5			천일문 입문		천일문 기본 / 천일문 기본 문제집		천일문 핵심	천일문 완성	
구문·독해							구문현답			
구문·어법						PLAN A 〈구문·어법〉				
구문·문법			천일문 기초1	천일문 기초2						
어휘	초등코치 천일문 Voca & Story 1, 2		어휘끝 중학 필수편	어휘끝 중학 마스터편		어휘끝 고교기본			어휘끝 수능	
						첫단추 VOCA				
						PLAN A 〈어휘〉				
문법	초등코치 천일문 Grammar 1, 2, 3		천일문 Grammar LEVEL 1	천일문 Grammar LEVEL 2	천일문 Grammar LEVEL 3					
			Grammar Q 1A / 1B	Grammar Q 2A / 2B	Grammar Q 3A / 3B					
			1센치 영문법			문법의 골든룰 101				
문법(내신)			Grammar Line LOCAL 1	Grammar Line LOCAL 2	Grammar Line LOCAL 3					
문법·어법			첫단추 BASIC 문법·어법편 1, 2			첫단추 모의고사 문법·어법편				
어법							어법끝 START 2.0 / 어법끝 START 실력다지기		어법끝 5.0	
어법·어휘								파워업 어법·어휘 모의고사		
쓰기			거침없이 Writing LEVEL 1	거침없이 Writing LEVEL 2	거침없이 Writing LEVEL 3					
			중학영어 쓰작 1	중학영어 쓰작 2	중학영어 쓰작 3					
독해			Reading Relay Starter 1, 2	Reading Relay Challenger 1, 2	Reading Relay Master 1, 2					
			리딩 플랫폼 1,2,3							
			Reading 16 LEVEL 1	Reading 16 LEVEL 2	Reading 16 LEVEL 3	PLAN A 〈독해〉		리딩 플레이어 개념 / 리딩 플레이어 적용		
			첫단추 BASIC 독해편 1, 2			첫단추 모의고사 독해유형편		유형즉답		
							빈칸백서 기본편		빈칸백서	
									오답백서	
							쎈쓰업 독해 모의고사		파워업 독해 모의고사	
									수능실감 최우수 문항 400제	
듣기			쎄듀 빠르게 중학영어듣기 모의고사 1	쎄듀 빠르게 중학영어듣기 모의고사 2	쎄듀 빠르게 중학영어듣기 모의고사 3	첫단추 모의고사 듣기유형편		쎈쓰업 듣기 모의고사	파워업 듣기 모의고사	
						첫단추 모의고사 듣기실전편				
EBS								수능특강 내신탐구		
								E정표 수능특강		
									수능실감 독해 모의고사	
									수능실감 FINAL 봉투 모의고사	

*어휘끝 5.0은 Lv. 9~12에 해당합니다. (고교 심화 이상의 수준)

* 교재 선택 시 권장 학년과 레벨을 참고하세요. / 예비 고1부터는 난도와 학년별 성취도를 반영하여 교재 레벨을 세분화하였습니다.

교과서 지식으로 영문 독해를 자신 있게!

리딩 릴레이

READING RELAY

MASTER

①

정답 및 해설

CEDU BOOK 쎄듀

교과서 지식으로 영문 독해를 자신 있게!

리딩 릴레이

READING RELAY

정답 및 해설

MASTER

01 [과학 | 유전과 진화] 성격도 유전일까?

본문 p.12~15

교육부 지정 중학 필수 어휘
1 assumed 2 commanded 3 elements 4 twins 5 alike 6 half 7 features 8 totally

START READING!
1 쌍둥이 2 (1) F (2) T (3) F

KEEP READING!
1 ⑤ 2 ③ 3 ③ 4 features 5 assume

KEEP READING! 해설

1 지문에 가장 적절한 제목을 고르는 문제이다. 어린 시절에 떨어져서 따로 산 일란성 쌍둥이가 많은 공통점을 갖고 자라게 된 이야기와 함께 자란 일란성 쌍둥이가 여러 가지 차이점을 갖고 성장한 이야기를 통해 일란성 쌍둥이의 성격이 어떻게 만들어지는지에 대해 설명하고 있으므로 정답은 ⑤이다.
① 일란성 쌍둥이들의 차이점들은 무엇일까?
② 일란성 쌍둥이를 기르는 방법
③ 일란성 쌍둥이에게 유전자의 중요성은 무엇일까?
④ 한 쌍의 일란성 쌍둥이의 만남
⑤ 성격에 가장 중요한 요소는 무엇일까?

2 애비와 브리트니는 머리는 분리되어 있지만, 몸이 연결된 쌍둥이(Their heads are separate, but their bodies are joined.)라고 했으므로 ③은 글의 내용과 일치하지 않는다.
① 짐 루이스와 짐 스프링어는 떨어진 지 40년 만에 만났다.
② 쌍둥이에 관한 많은 연구들은 유전자의 중요성을 보여준다.
③ 애비와 브리트니는 연결된 머리를 가지고 있는 쌍둥이다.
④ 애비는 수다스럽고 발랄하다.
⑤ 애비와 브리트니는 다른 성격을 가지고 있다.

3 빈칸 앞에서는 여러 연구에 의하면 성격이 100% 유전자에 의존적이지 않다고 했으며, 빈칸 뒤에서는 환경과 경험은 성격을 형성하는 유일한 요인이 아니라는 내용이 나온다. 성격과 관련된 또 다른 새로운 사실을 언급하고 있으므로 '첨가'를 나타내는 Also가 적절하다. 따라서 정답은 ③이다.
① 그러나 ② 반면에 ③ 또한 ④ 예를 들어 ⑤ 대신에

4 (1) 그 요가 프로그램은 무료 마사지를 (A) 특별히 포함한다.
(2) 이 도시의 흥미로운 두 가지 (B) 특징들은 재래시장과 1900년대에 지어진 성이다.
첫 번째 문장의 (A)에는 '특별히 포함하다'라는 말이, 두 번째 문장의 (B)에는 '특징'의 의미가 적절하므로 정답은 feature(특색, 특징; 특별히 포함하다)이다.

5 '어떤 일이 사실이라고 상상하는 것'이라는 의미이므로 정답은 assume(간주하다, 추측하다)이다.

끊어서 읽기

짐 루이스와 짐 스프링어는 / 일란성 쌍둥이다, // 그러나 그들은
¹ Jim Lewis and Jim Springer / are identical twins, // but they were

분리되었다 // 그들이 태어난 후에. 그리고 나서 그들은 40년 후에 다시 만났다.
separated // after they were born. ² Then they met again after 40

어휘 확인하기
identical 일란성의
twin 쌍둥이
separate 분리하다; 분리된, 따로 떨어진

years. ³ The surprising thing was // that they were so alike. ⁴ Both

were heavy smokers, / enjoyed beer, / drove the same type of car, /

had the same hobbies, / and hated basketball! ⁵ They were raised /

in totally different environments, // but both grew up similarly.

⁶ Was it just a coincidence?

⁷ There have been many other studies / about twins, // and most of

the results were similar. ⁸ This shows the importance of genes.

⁹ However, / we can't just assume // that personality and other

features are only decided / by genes.

¹⁰ Abby and Brittany Hensel are twins. ¹¹ Their heads are separate, /

but their bodies are joined. ¹² Each twin commands her half of

their body, / using one arm and one leg.

¹³ While they have identical genes / and lived more than 20 years

together, // they are very different. ¹⁴ Abby is more talkative and

cheerful, // but Brittany is more quiet and calmer. ¹⁵ Abby is good

at mathematics, // but Brittany is good at writing. ¹⁶ Also, they like

different foods, colors and so on. ¹⁷ In this case, / we can see // that

even 100% identical twins / who shared the same environment / can

have different personalities.

¹⁸ These studies show // that personality is not 100% dependent /

on genes. ¹⁹ Also, / environment and experience are not the only

elements / that make a personality.

---

alike (아주) 비슷한
heavy smoker 골초, 담배를 많이 피우는 사람
raise 기르다
totally 완전히, 전적으로
environment 환경
similarly 비슷하게
coincidence 우연
result 결과
importance 중요성
gene 유전자
assume 간주하다, 추측하다
personality 성격, 인격
feature 특색, 특징; 특별히 포함하다
join 연결하다
command 명령하다; 지배하다, 통제하다; 명령
half 반, 절반
talkative 수다스러운
cheerful 발랄한
calm 차분한
be good at ~에 능숙하다, ~을 잘하다
and so on 기타 등등, ~ 등
share 공유하다
dependent 의존하는
experience 경험
element 요소, 성분

해석 한눈에 보기

¹ 짐 루이스와 짐 스프링어는 일란성 쌍둥이지만 그들은 태어난 후에 분리되었다. ² 그러고 나서 그들은 40년 후에 다시 만났다. ³ 놀라운 것은 그들이 매우 비슷하다는 것이었다. ⁴ 둘 다 골초였고, 맥주를 즐겼고, 같은 종류의 차를 몰았으며 같은 취미를 가지고 있었고, 농구를 싫어했다! ⁵ 그들은 완전히 다른 환경에서 길러졌지만 둘 다 비슷하게 자랐다. ⁶ 그것은 단지 우연이었을까?

⁷ 쌍둥이에 관한 많은 다른 연구들이 있었고 대부분의 결과는 비슷했다. ⁸ 이것은 유전자의 중요성을 보여준다.

⁹ 하지만 우리는 성격과 다른 특징들이 단지 유전자에 의해서만 결정된다고 단순히 추정할 수는 없다.

¹⁰ 애비와 브리트니 헨젤은 쌍둥이다. ¹¹ 그들의 머리는 분리되어 있지만, 몸은 연결되어 있다. ¹² 각 쌍둥이는 한 팔과 한 다리를 사용해서 그들의 몸 중 자신의 쪽 반을 통제한다.

¹³ 그들이 동일한 유전자를 가지고 있고 20년 이상 함께 산 반면에 그들은 매우 다르다. ¹⁴ 애비는 좀 더 수다스럽고 외향적이지만 브리트니는 좀 더 조용하고 차분하다. ¹⁵ 애비는 수학을 잘하지만 브리트니는 글쓰기를 잘한다. ¹⁶ 또한 그들은 다른 음식과 색깔 등을 좋아한다. ¹⁷ 이 경우에 우리는 같은 환경을 공유한 100퍼센트 일란성 쌍둥이도 심지어 다른 성격을 가질 수 있다는 것을 알 수 있다.

¹⁸ 이런 연구들은 성격이 100퍼센트 유전자에 의존하는 것은 아니라는 것을 보여 준다. ¹⁹ 또한, 환경과 경험이 성격을 형성하는 유일한 요소는 아니다.

필수 구문 확인하기

³ **The surprising thing** was **that** they were so alike.
　　　　　　　S　　　　　　V　　　　　　　　　C
▸ that은 주격 보어인 명사절을 이끄는 접속사이다.

⁷ **There have been** many other studies about twins, and most of the results were similar.
▸ 「There have been」은 '~가 있어 왔다'라는 의미를 나타내는 현재완료이다.

¹²**Each** twin **commands** her half of their body, **using** one arm and one leg.
　　　　S　　　　　V
▸ each는 '각각의'라는 의미로 단수 취급하기 때문에 단수동사 commands가 쓰였다.

▸ using은 '부대상황'을 나타내는 분사구문이다.

02　[국어 | 나의 삶, 나의 글] 간디는 왜 물레를 들고 있을까？　　본문 p.16~19

교육부 지정 중학 필수 어휘
1 exposed　2 spinning　3 independence　4 pride　5 purchased　6 effect　7 wheel

START READING!
1 ②　2 played an important role

KEEP READING!
1 ④　2 ③　3 pride　4 (1) ④ (2) ① (3) ② (4) ③

KEEP READING! 해설

1 지문에 적절한 제목을 고르는 문제이다. 물레를 통해 인도의 전통을 지키고 영국으로부터 독립하고자 한 간디의 독립운동에 관한 내용이므로 정답은 ④이다.
　① 간디의 발명품
　② 오래된 인도의 전통
　③ 인도와 영국의 전쟁
　④ 간디와 물레
　⑤ 직물과 옷의 중요성

2 산업혁명 후에 영국으로 수송된 인도 목화는 천으로 만들어졌고, 그것이 다시 인도로 왔을 때, 인도 사람들은 더 비싼 가격으로 제품을 사야 했다(It was then ~ products at a higher price.)고 했으므로 일치하지 않는 것은 ③이다.
　① 간디는 영국산 제품을 사는 것을 반대했다.
　② 인도는 과거에 큰 직물 산업을 갖고 있었다.

③ 영국은 면직물을 구매하고 옷을 더욱 싼 값에 팔았다.

④ 간디는 사람들에게 직접 옷을 만들도록 고무했다.

⑤ 간디는 인도인들이 자부심을 갖도록 격려했다.

3 '자신에 대한 기쁨과 행복'이라는 뜻이므로 정답은 pride(자부심, 긍지)이다.

4 간디는 인도인들에게 영국산 제품을 사지 않도록 장려했다고 했으므로 (1)에는 purchase가 적절하며, 사람들에게 직접 실을 자서 옷을 만들어 입도록 했으므로 (2)에는 spin이 적절하다. 또한, 전통적인 옷을 입음으로써 국가에 대한 자부심을 갖도록 했으므로 (3)에는 pride가 알맞으며, 이는 큰 영향을 주었으므로 (4)에는 effect가 들어가야 한다.

> 간디는 인도인들에게 영국산 제품을 (1) 사지 않도록 장려했다. 대신에, 그는 사람들에게 물레로 (2) 실을 자서 직접 옷을 만들어 입도록 했다. 뿐만 아니라, 그는 인도인들이 전통적인 옷을 입음으로써 그들의 국가에 대해 (3) 자부심을 갖도록 고무했다. 이것은 인도인들에게 커다란 (4) 영향을 주었고 그의 물레는 영국으로부터의 인도 독립의 상징이 되었다.

① 실을 잣다 ② 자부심, 긍지 ③ 효과, 영향 ④ 사다, 구입하다

끊어서 읽기

¹ One method of Gandhi's movement / against England / was not to
간디 운동의 한 방법은 / 영국에 저항하는 / 사지 않는 것이었다
not to+동사원형 〈~하지 않는 것〉

purchase / any products from England. ² Gandhi encouraged Indians /
어떤 영국산 제품도. / 간디는 인도인들을 장려했다 /

not to buy and wear / foreign-made clothes. ³ Instead, / he brought back
사지 않고 입지 않는 것을 / 외국에서 만든 옷을. / 대신 / 그는
not to

the old traditions / of spinning their own thread / and making their
오랜 전통을 되살렸다 / 그들만의 실을 잣는 / 그리고 만드는
동격의 of

own fabric with spinning wheels.
그리고 물레로 그들만의 직물을 짜는 (오랜 전통).

⁴ For centuries, / India had been a major player / in the textile industry
수 세기 동안 / 인도는 주요 참가자였다 / 직물 산업에서

// because it had plenty of cotton farms. ⁵ However, / after the Industrial
// 목화 농장이 많기 때문에. / 그러나 / 산업혁명 후에

Revolution, / Indian cotton was shipped to England / to be made into
/ 인도의 목화는 영국으로 수송되었다 / 천으로 만들어지기 위해
to+동사원형 〈~하기 위해〉

cloth. ⁶ It was then shipped back to India, // and Indians had to buy the
그리고 나서 그것은 다시 인도로 수송되었다 // 그리고 인도인들은 제품을 사야 했다

products / at a higher price. ⁷ Gandhi said, // "This object, the spinning
더 비싼 가격으로. / 간디는 말했다 // "이 물건, 물레는

wheel, / allows us to dress ourselves in clothes / made by our own
우리가 스스로 옷을 입도록 하게 한다 / 우리 손으로 만든."

hands." ⁸ He wanted / other Indian people / to make and wear clothes
그는 원했다 / 다른 인도인들이 / 인도산 옷을 만들고 입기를

from India / rather than buying fabric or clothes from England.
영국에서 만든 직물과 옷을 사는 것보다.

⁹ By wearing traditional cotton clothes / made by himself, / Gandhi
전통적인 면 옷을 입음으로써 / 스스로 만든 /
by -ing 〈~함으로써〉

exposed his pride / in his Indian heritage / and encouraged other
간디는 자부심을 드러냈다 / 자신의 인도 유산에 대한 / 그리고 다른 인도인들이

어휘 확인하기

method 방법

movement (사회적) 운동

purchase 사다, 구입하다; 구입, 구매

encourage 장려하다

foreign-made 외국에서 만든

bring (A) back (A를) 기억나게 하다, 상기시키다

spin 회전시키다, 돌리다; 실을 잣다

thread 실

fabric 직물

wheel 바퀴; 핸들; 바퀴 달린 기계[기구]; 회전하다; 운전하다

spinning wheel 물레

player (상거래 따위의 주요) 참가자

plenty of 많은

cotton 목화

ship (배로) 수송하다

object 물건, 물체

allow 가능하게 하다

rather than ~보다는

expose 드러내다, 노출시키다

pride 자부심, 긍지; 자존심

heritage 유산

effect 효과, 영향; 결과; 결과[효과]를 가져오다, 초래하다

have an effect on ~에 영향을 미치다

symbol 상징

independence 독립; 자립

똑같이 하도록 장려했다   그의 메시지는 강력한 영향을 미쳤다   /
Indians to do the same. ¹⁰ His messages had a powerful effect /

인도인들에게   //   그리고 간디의 물레는 상징이 되었다   /
on Indians, // and Gandhi's spinning wheel became a symbol /

영국으로부터의 인도의 독립을.
of India's independence from England.

[선택지 어휘]

pleasure 기쁨, 즐거움

inspire 고무하다, 격려하다

해석 한눈에 보기

¹ 영국에 저항하는 간디의 운동 중 한 가지 방법은 어떤 영국산 제품도 사지 않는 것이었다. ² 간디는 인도인들이 외국에서 만들어진 옷을 사지도, 입지도 말도록 장려했다. ³ 대신, 그는 스스로 실을 잣고 물레로 자신만의 직물을 짜는 오랜 전통을 되살렸다.
⁴ 목화 농장이 많았기 때문에, 수 세기 동안 인도는 직물 산업에서 주요 참가자(생산국)였다. ⁵ 그러나 산업혁명 후에 인도의 목화는 천으로 만들어지기 위해 영국으로 수송되었다. ⁶ 그리고 나서 그것은 인도로 다시 수송되었고, 인도인들은 더 비싼 가격으로 제품을 사야 했다. ⁷ 간디는 "물레라는 이 물건은 우리 손으로 직접 만든 옷을 입게 해준다."라고 말했다. ⁸ 그는 다른 인도인들이 영국산 직물이나 옷을 사는 것보다는 인도산 옷을 만들고 입기를 원했다. ⁹ 스스로 만든 전통 면 옷을 입음으로써, 간디는 인도 유산에 대한 자신의 자부심을 드러냈고 다른 인도인들도 똑같이 하도록 장려했다. ¹⁰ 그의 메시지는 인도인들에게 강력한 영향을 미쳤고, 간디의 물레는 영국으로부터의 인도 독립의 상징이 되었다.

필수 구문 확인하기

² Gandhi **encouraged Indians not to purchase** *and* **(not to) wear** foreign-made clothes.

▶ 「encourage+목적어+to+동사원형」은 '~에게 …하기를 장려하다'라는 의미이다. to부정사의 부정은 앞에 not을 붙인다.

▶ not to purchase와 wear는 접속사 and로 병렬 연결되었으며 wear 앞에는 반복을 피하기 위해 not to가 생략되었다.

⁴ For centuries, India **had been** a major player in the textile industry because it had plenty of cotton farms.

▶ had been은 과거보다 더 이전 시점부터 과거까지 계속된 일을 나타내는 과거완료 「had+p.p.」의 형태이다.

⁷ Gandhi said, "This object, the spinning wheel, **allows us to dress** ourselves in *clothes* [**made** by our own hands]."

▶ 「allow+목적어+to+동사원형」은 '~가 …하는 것을 허락하다'라는 의미이다.

▶ made가 이끄는 과거분사구가 앞의 clothes를 수식하고 있다.

---

03 [역사 | 대한민국의 발전] 남해의 독일 마을

본문 p.20~23

교육부 지정 중학 필수 어휘
1 abroad 2 decade 3 familiar 4 persuaded 5 aid 6 miner 7 construct 8 intends

START READING!
1 해외로 2 (1) T (2) T

KEEP READING!
1 ③ 2 ⑤ 3 ② 4 ④ 5 familiar

KEEP READING! 해설

1 지문에 가장 적절한 주제를 고르는 문제이다. 1960년대에 외화를 벌기 위해 독일로 떠났던 광부들과 간호사들이 다시 한국으로 돌아와 남해군의 독일 마을에 산다는 내용이므로 정답은 ③이다.
① 1960년대에 사람들이 왜 독일에 갔는가

② 광부와 간호사가 된 사람들
③ 독일 마을이 어떻게 그리고 왜 형성되었는가
④ 독일에서 돌아올 수 없었던 한국인들
⑤ 독일 문화의 유명한 부분들

2 지문에 언급된 것을 고르는 문제이다. 매년 9월, 그 마을은 '옥토버페스트'를 연다(For example, every September, ~ a traditional German festival.)고 했으므로 정답은 ⑤이다.
① 독일로 떠났던 노동자의 수
② 남해군이 왜 선택되었는지
③ 독일에서의 노동자의 일상생활
④ 한국과 독일의 관계
⑤ 독일 마을에서 '옥토버페스트'가 언제 열리는지

3 주어진 문장은 '그런데 그들 중 많은 사람이 돌아오는 대신 독일에 남았다.'라는 의미이며 However로 시작하고 있으므로 앞에는 주어진 문장과 반대되는 내용이 나와야 한다. ②의 앞에는 그들이 한국을 떠날 때, 그들은 3년 후에 돌아올 계획이었다는 내용이 나오고, 뒤로는 수십 년이 지난 후, 그들은 나이가 들고 한국으로 돌아오길 원했다는 내용이 있으므로 주어진 문장이 들어갈 가장 적절한 곳은 ②이다.

4 빈칸에 들어갈 가장 적절한 단어를 고르는 문제이다. 빈칸이 들어간 문장은 '사람들이 이 마을로 이사 오기 시작할 때, 그들은 가능한 독일의 _____을[를] 유지하려고 했다.'라는 내용이다. 이 문장의 앞부분에는 정부가 마을을 독일과 가능한 비슷하게 만들기 위해서 독일에서 건축 재료를 수입했다는 내용이 나오고 뒤로는 이 마을에서 매년 9월에 '옥토버페스트'라는 독일 전통 축제를 연다는 내용이 나오므로 culture가 들어가는 것이 적절하다. 따라서 정답은 ④이다.
① 교훈 ② 관광지 ③ 기술 ④ 문화 ⑤ 관계

5 '잘 알려져 있거나 쉽게 알아보는'이라는 뜻이므로 정답은 familiar(친숙한, 익숙한)이다.

끊어서 읽기

1960년대에 한국은 가난한 나라였다 / 그리고 외화를 원했다.
1 In the 1960s, Korea was a poor country / and wanted foreign money.

그래서 정부는 사람들을 설득했다 / 해외로 일하러 갈 것을 /
2 Therefore, the government persuaded people / to work abroad /

외화를 벌기 위해. 많은 남자들이 독일로 갔다 / 광부로 일하기 위해
to earn foreign money. **3** Lots of men went to Germany / to work as
to+동사원형 〈~하기 위해〉   to+동사원형 〈~하기 위해〉

// 그리고 많은 여자들이 갔다 / 간호사로 일하기 위해.
miners, // and lots of women went / to work as nurses. **4** When they
                                   to+동사원형 〈~하기 위해〉

그들이 한국을 떠날 때 // 그들은 돌아올 계획이었다 / 3년 후에.
left Korea, // they intended to come back / in three years. **5** However,
                        to+동사원형 〈~하는 것을〉

그런데 그들 중 많은 사람이 독일에 남았다 / 돌아오는 대신에.
many of them remained in Germany / instead of coming back.

수십 년이 지난 후 / 그들은 나이가 들었다 / 그리고 한국으로 돌아오기를 원했다.
6 After several decades, / they became old / and wanted to come home

그런데 그들은 그렇게 오래 나가 있었기 때문에, // 그들은 지원이 없었다
to Korea. **7** However, since they had been gone so long, // they had no
                            (~ 때문에)

/ 한국에서. 그래서 한국 정부가 도왔다.
aid / in Korea. **8** So, the Korean government helped. **9** The government

정부는 작은 마을을 건설했다 / 남해군에, // 그리고 이 마을은
constructed a small village / in Namhae-gun, // and this village looked

어휘 확인하기

foreign 외국의

government 정부, 정권

persuade 설득하다

abroad 해외에, 해외로

earn (돈을) 벌다

miner 광부

intend ~하려고 생각하다, ~할 작정이다; 의미하다, 가리키다

decade 10년

aid 원조, 지원; 돕다

construct 건설하다, 세우다

familiar 친숙한, 익숙한

import 수입하다

construction 건축, 건설

material 재료, 자재

hold 열다, 개최하다

traditional 전통적인

exciting 신나는

share 나누다

그들에게 친숙해 보였다.   정부는 심지어 건축 자재를 수입했다

familiar to them. ¹⁰ The government even imported construction materials

/   독일에서   /   그 마을을 가능한 비슷하게 만들기 위해.

/ from Germany / to make the town as similar as possible. ¹¹ When

사람들이 이주해 오기 시작할 때   이 마을로,   //   그들은 유지하기 위해 노력했다 /

people started to move / into this town, // they tried to keep /

독일 문화를 가능한 많이.   예를 들어, 매년 9월

as much of the German culture as possible. ¹² For example, every

/   그 마을은 '옥토버페스트'를 연다   / 그리고 그것은 전통적인 독일 축제이다.

September, / the village holds "Oktoberfest," / which is a traditional

그들은 흥겨운 음악을 연주하고, 춤을 춘다   / 그리고 전통 음식을 나누어 먹는다.

German festival. ¹³ They play exciting music, dance, / and share traditional

만약 당신이 독일에 관심이 있다면   //   이 독일 마을을 방문해 보는 게 어떤가

foods. ¹⁴ If you are interested in Germany, // why don't you visit this

/   한국에서 먼저?

German village / in Korea first?

[선택지 어휘]

relationship 관계

tourist site 관광지

technology 기술

recognize 알아보다

해석 한눈에 보기

¹ 1960년대에 한국은 가난한 나라였고 외화를 원했다. ² 그래서 정부는 사람들을 설득해 외화를 벌기 위해 해외로 일하러 가도록 권했다. ³ 많은 남자들이 광부로 일하기 위해 독일로 갔고, 많은 여자들이 간호사로 일하기 위해 갔다. ⁴ 그들이 한국을 떠날 때, 그들은 3년 후에 돌아올 계획이었다. ⁵ 그런데 <u>그들 중 많은 사람이 돌아오는 대신에 독일에 남았다.</u> ⁶ 수십 년이 지난 후에 그들은 나이가 들었고 한국으로 돌아오길 원했다. ⁷ 그런데 그들은 너무 오래 나가 있었기 때문에, 한국에서 지원이 없었다. ⁸ 그래서 한국 정부가 도왔다. ⁹ 한국 정부는 남해군에 작은 마을을 건설했고, 이 마을은 그들에게 친숙해 보였다. ¹⁰ 정부는 그 마을을 가능한 비슷하게 만들기 위해 심지어 건축 자재를 독일에서 수입했다. ¹¹ 사람들이 이 마을로 이주해 오기 시작했을 때, 그들은 독일 문화를 가능한 많이 유지하기 위해 노력했다. ¹² 예를 들어 매년 9월 그 마을은 '옥토버페스트'를 여는데, 그것은 독일의 전통 축제이다. ¹³ 그들은 흥겨운 음악을 연주하고, 춤을 추고, 전통 음식을 나눠 먹는다. ¹⁴ 만약 당신이 독일에 관심이 있다면, 먼저 한국에서 이 독일 마을을 방문해 보는 것은 어떤가?

필수 구문 확인하기

² Therefore, the government **persuaded** people to work abroad **to earn** foreign money.
                           V   O   C

▶ 「persuade+목적어+to+동사원형」은 '~에게 …할 것을 장려하다'라는 뜻이다.

▶ to earn 이하는 '벌기 위해'라는 의미로 쓰인 부사적 용법의 to부정사구이다.

¹² For example, every September, the village holds "Oktoberfest," **which** is a traditional German festival.

▶ 계속적 용법으로 쓰인 관계대명사 which 이하가 "Oktoberfest"를 구체적으로 설명하고 있다.

¹⁴ If you are interested in Germany, **why don't you visit** this German village in Korea first?

▶ 「why don't you+동사원형」은 '~하는 게 어때'라는 의미이다.

교육부 지정 중학 필수 어휘
1 defend **2** involve **3** quality **4** operates **5** mild **6** mounted **7** relaxing **8** global

START READING!
1 마음을 느긋하게 해 주는, 편한 **2** (1) T (2) T (3) F

KEEP READING!
1 ⑤ **2** ③ **3** ④ **4** quality

KEEP READING! 해설

1 지문의 제목으로 가장 적절한 것을 고르는 문제이다. 느리게 사는 것을 즐기는 오르비에토와 같은 슬로시티에 대해 설명하는 글이므로 정답은 ⑤이다.
① 이탈리아에 있는 아름다운 도시
② 느리게 사는 것의 어려움
③ 큰 도시에서 느리게 살기
④ 슬로시티 운동이란 무엇인가?
⑤ 느리게 사는 것을 장려하는 도시

2 매년 10월에 슬로푸드 축제를 연다(Every October, it ~ with traditional foods.)고 했으므로 정답은 ③이다.
① 당신은 오르비에토를 방문하기 위해 케이블카를 탈 수 있다.
② 오르비에토는 전통 음식과 와인을 지키려고 한다.
③ 매년 11월, 그곳에서는 슬로푸드 축제가 열린다.
④ 슬로시티는 적은 교통량과 사람들로 더 나은 삶을 제공한다.
⑤ 슬로시티는 세계적인 시장으로부터 지역의 상품을 보호한다.

3 주어진 문장은 '슬로시티는 다른 도시와 어떻게 다른가?'라는 의미이다. 문맥상 문장의 뒷부분에 슬로시티의 특색이 나오는 것이 적합하다. ④의 뒷부분에는 슬로시티에서는 전통이 높게 평가되며, 사람들은 자연과 조화를 이루며 산다(In slow cities, ~ harmony with nature.)는 내용이 나오고 예시가 주어진다. 그러므로 주어진 문장이 들어갈 가장 적절한 곳은 ④이다.

4 ⓐ는 '가치나 완벽함의 정도'를 의미하고, ⓑ는 '높은 수준'이라는 뜻풀이다. ⓒ는 '높은 수준의, 아주 좋은'이라는 의미이므로 공통으로 해당하는 단어는 quality(질; 우수성, 고급; 훌륭한)이다.

끊어서 읽기

오르비에토시는 위치해 있다 / 이탈리아의 테르니 지방에.
¹ The city of Orvieto is located / in the province of Terni in Italy. ² It is

그것은 화산암의 꼭대기에 있다 / 그리고 온화한 기후를 갖고 있다. 당신이 방문하고 싶다면
on top of volcanic rock / and has a mild climate. ³ If you want to visit,

// 당신은 택시를 탈 수 있다 / 또는 산 밑에서부터 케이블카를.
// you can take a taxi / or a cable car from the bottom of the

당신이 가장 높은 지점으로 올라갈수록 // 당신은 아름다운
mountain. ⁴ As you mount the highest point, // you will be met by

경치를 볼 것이다. 그 도시의 식당과 시장은 운영되고 있다 /
a beautiful view. ⁵ The city's restaurants and markets are operating /

/ 그것의 전통적인 식품과 와인을 지키기 위해 / 세계적인 시장으로부터.
/ to protect its traditional foods and wines / from the global market.
<u>to+동사원형 (~하기 위해)</u>

어휘 확인하기

locate 위치하다
province 주(州), 지방
mild 가벼운, 순한; 온화한
mount 시작하다; 올라가다
operate (기계가) 작동하다; (사업체가) 영업하다, 작동하다
traditional 전통적인
global 세계적인
involve 포함하다, 수반하다; 연루시키다, 참여시키다
get involved 관여하다
pride 자부심, 긍지
support 지지하다, 지원하다

^{매년 10월에} / ^{그것은 슬로푸드 축제를 연다} / ^{전통적인 음식으로}
6 Every October, / it holds a slow food festival / with traditional foods.

^{모든 최고의 식당과 카페가} / ^{축제에 참여한다} / with
7 All the best restaurants and cafes / get involved in the festival / with

^{자부심을 갖고.}
pride.

^{빠른 도시에서 떨어져서} / ^{오르비에토와 같은 슬로시티들은 사람들을 지원한다} /
8 Away from fast cities, / slow cities like Orvieto support people /

^{느리게 살고 싶은.} ^{느리게 사는 삶의 요점은} / ^{한 걸음 물러나는 것이다}
who want to live slow. **9** The point of slow living / is to take a step
_{to+동사원형 (~하는 것을)} _{to+동사원형 (~하는 것)}
/ ^{그리고 느긋한 삶을 즐기는 것이다.} ^{슬로시티, 또는 치타슬로는} /
back / and enjoy a relaxing life. **10** Slow cities, or Cittaslow, /

^{환경을 제공한다} / ^{사람들이 느리게 살 수 있는} / ^{그리고 향상시킨다}
provide an environment / where people can live slow / and improve

^{그들의 삶의 질.} ^{슬로시티는 어떻게 다른가} / ^{다른 도시와?}
their quality of life. **11** <u>How are slow cities different</u> / from other

^{슬로시티에서는} / ^{전통이 높이 평가된다} // ^{그리고 사람들은}
<u>cities?</u> **12** In slow cities, / traditions are highly valued, // and people

^{자연과 조화를 이루어 산다.} ^{예를 들어} / ^{더 적은 교통량,}
live in harmony with nature. **13** For example, / there is less traffic,

^{더 적은 소음, 덜 붐비는 사람들이 있다.} ^{또한, 찾는 것이 어렵다} /
less noise, and fewer crowds. **14** Also, it is hard to find / global brand

^{맥도날드와 같은 세계적인 브랜드의 식당을} // ^{왜냐하면 슬로시티는 지키고 있다} /
restaurants such as McDonald's // because slow cities are defending /

^{지역의 농산물과 생산품을.}
local produce and products.

---

take a step back 일보 물러서다, 한 걸음 물러나다
relaxing 마음을 느긋하게 해 주는, 편한
improve 개선하다, 향상시키다
quality 질; 우수성, 고급; 훌륭한
valued 평가된
in harmony with ~와 조화하여, 협조하여
traffic 교통, 교통량
crowd 군중, 사람들
brand 상표, 브랜드
defend 방어하다, 지키다
local 현지의, 지역의
produce 농산물
product 생산품

[선택지 어휘]
movement (정치적·사회적) 운동
encourage 권장하다
degree 정도
value 가치
standard 수준

해석 한눈에 보기

1 오르비에토시는 이탈리아의 테르니 지방에 위치해 있다. **2** 그것은 화산암 꼭대기에 있고 온화한 기후를 갖고 있다. **3** 당신이 방문하고 싶다면, 당신은 택시를 타거나 산 밑에서 케이블카를 탈 수 있다. **4** 가장 높은 곳으로 올라갈수록, 당신은 아름다운 경치를 보게 될 것이다. **5** 그 도시의 식당과 시장은 세계적인 시장으로부터 그것의 전통적인 식품과 와인을 지키기 위해 운영되고 있다. **6** 매년 10월에 그것은 전통 음식으로 슬로푸드 축제를 개최한다. **7** 모든 최고의 식당과 카페들이 자부심을 가지고 축제에 참여한다.
8 빠른 도시에서 떨어져서 오르비에토와 같은 슬로시티들은 느리게 살고 싶은 사람들을 지원한다. **9** 느리게 사는 삶의 요점은 한 걸음 물러나서 느긋한 삶을 즐기는 것이다. **10** 슬로시티, 또는 치타슬로는 사람들이 느리게 살고 그들의 삶의 질을 향상할 수 있는 환경을 제공한다. **11** 슬로시티는 다른 도시와 어떻게 다른가? **12** 슬로시티에서는 전통이 높이 평가되고, 사람들은 자연과 조화를 이루어 산다. **13** 예를 들어, 교통량이 더 적고, 소음이 더 적으며 사람들이 덜 붐빈다. **14** 또한 슬로시티는 지역의 농산물과 상품을 지키고 있기 때문에 맥도날드와 같은 브랜드 식당을 찾는 것이 어렵다.

필수 구문 확인하기

8 Away from fast cities, slow cities like Orvieto support *people* [**who** want to live slow].

▶ who는 주격 관계대명사로 who 이하는 선행사 people을 꾸며준다.

9 The point of slow living is **to take** a step back *and* (to) **enjoy** a relaxing life.

▶ to take와 (to) enjoy는 보어로 쓰인 to부정사로 접속사 and로 연결되어 있다.

12 In slow cities, traditions are highly valued, and people live **in harmony with** nature.

▶ in harmony with는 '~와 조화하여, 협조하여'라는 뜻이다.

14 Also, **it** is hard **to find** global brand restaurants such as McDonald's because slow cities are ~.

가주어   진주어

▶ it은 가주어이고, to find ~ McDonald's가 진주어이다.

Chapter **02**

01 [과학 | 기권과 우리 생활] 날씨와 세계의 풍습

교육부 지정 중학 필수 어휘

1 shells **2** praying **3** whether **4** Otherwise **5** practice **6** released **7** custom

START READING!

1 ① **2** whether

KEEP READING!

1 ② **2** ② **3** They draw a face to thank the doll and release it into the river **4** ② **5** ⑤

KEEP READING! 해설

1 지문에 가장 적절한 주제를 고르는 문제이다. 인도, 일본 그리고 북미 원주민들이 행하는 날씨 관련 풍습을 소개하고 있으므로 정답은
②이다.
① 풍습을 지키기 위한 노력
② 날씨와 관련된 다른 나라의 풍습
③ 비를 부르는 풍습(기우제)이 행해지는 이유
④ 전통 및 풍습을 유지하는 것의 중요성
⑤ 날씨에 관한 다른 나라의 미신

2 화창한 날씨를 기원하는 일본 풍습의 이름에 대한 언급은 있지만, 비를 기원하는 풍습에 대한 언급은 없었으므로 정답은 ②이다.
① 인도에서 개구리 결혼식이 왜 행해졌는지
② 비를 기원하는 일본 풍습의 이름
③ 날씨가 안 좋을 때 일본인들이 인형을 가지고 무엇을 하는지
④ 북미 원주민들이 비를 부르는 풍습(기우제)을 어디에서 행하는지
⑤ 북미 원주민의 거북이가 향하는 방향

3 일본의 '떼루 떼루 보주' 의식은 날씨가 좋을 때 감사의 뜻으로 인형에다 얼굴을 그리고 강에 놓아준다고 했다. 따라서 정답은 'They
draw a face to thank the doll and release it into a river'이다.

4 주어진 문장은 '그곳에서 그들은 나무로 된 막대기를 사용하여 거북이를 그린다'는 의미이다. 이 문장 앞에는 '그곳'이 가리키는 명확한
장소가 나오는 것이 자연스럽다. ② 앞에서 '의식을 행하기 위해 그들은 더러운 장소를 찾아야 한다'고 했으므로 주어진 문장이 들어갈
가장 적절한 곳은 ②이다.

5 빈칸 (A)와 (B)에 가장 적절한 단어를 고르는 문제이다. 원하는 날씨를 기원하는 각국의 다양한 풍습을 소개하는 내용이므로 정답은 ⑤이다.
(A) 다른 풍습들이 사람들이 원하는 날씨를 가져오기를 바라는 (B) 희망을 갖고 전 세계에서 행해지고 있다.

(A)	(B)
① 과학적인 ……	믿음
② 비슷한 ……	부재
③ 인기 있는 ……	의심
④ 전통적인 ……	도중, 중간
⑤ 다른 ……	희망

끊어서 읽기

당신은 들어본 적 있는가 / 개구리 결혼식을? 이것은 실제로 일어났다 /
1 Have you ever heard / of a frog wedding? **2** This actually happened /

어휘 확인하기

actually 사실은, 실제로
marriage 결혼

인도에서! 힌두교도들은 믿었다 // 비의 신이 있다는 것을. 그들은 생각했다
in India! **3** Hindus believed // <u>that there was a rain god.</u> **4** They thought
(~인 것을)

// 개구리 결혼식이 행해질 때 // 신은 기뻐하고
// that when a frog marriage was held, // the god was pleased / and

비를 내리게 할 것이라고. 결혼식 후에 / 개구리들은 돌려보내졌다 /
would bring rain. **5** After the weddings, / the frogs were returned /

그들의 호수로. 아무도 알지 못한다 // 그 커플들이 함께 했는지.
to their lake. **6** No one knows // whether the couples stayed together.

일본인들은 행해 왔다 / '떼루 떼루 보주'라고 불리는 풍습을 /
7 The Japanese have practiced / a custom called "Teru Teru Bozu" /

화창한 날씨를 기원하기 위해 / 고대부터. 그들은 인형을 만든다 /
to wish for sunny weather / since ancient times. **8** They make a doll /
to+동사원형 (~하기 위해)

종이로 / 또는 하얀 천으로 / 좋은 날씨를 기원하기 위해. 이 인형은
out of paper / or white cloth / to wish for good weather. **9** This doll is

이 인형은 보통 걸린다 / 창문 안쪽에 // 그러나 그들은 인형에 얼굴을 그리지 않는다
usually hung / in a window, // but they don't draw a face on it /

그것을 걸기 전에. 만약 다음날 날씨가 좋으면 //
before hanging it up. **10** If the weather is good the next day, // they

그들은 얼굴을 그린다 / 인형에 감사하기 위해 / 그리고 인형을 강에 놓아 준다,
draw a face / to thank the doll / and release it into a river. **11** But if

그러나 날씨가 나쁘면 // 그들은 얼굴을 그리지 않는다 / 그리고 그냥 그것을 버린다.
the weather is bad, // they don't draw a face / and just throw it away.

북미 원주민들 또한 / 전통 풍습을 갖고 있다 / 비를 기원하는
12 The Native Americans also / have a traditional custom / to pray for

그것을 행하기 위해 / 그들은 먼저 찾아야 한다 / 더러운 장소를. 그곳에서
rain. **13** To do it, / they must first find / a dirty place. **14** There, / they

그들은 거북이를 그린다 / 나무 막대를 이용해서. 거북이는 가져야만 한다
draw a turtle / using a wooden stick. **15** The turtle should have / a head,

한 개의 머리와 네 개의 다리와 등딱지를. 거북이는 서쪽을 향해 있어야 한다. 그렇지 않으면 /
four legs, and a shell. **16** The turtle must face west. **17** Otherwise, / rain

비는 오지 않을 것이다. 그리고 나서 그들은 막대기를 놓는다 / 거북이의 등에.
won't come. **18** Then they place the stick / in the turtle's back.

그 후에 / 그들은 함께 노래를 부르고 춤을 춘다 / 그 막대기와 거북이 주변에서.
19 Afterward, / they sing and dance together / around the stick and

그들은 믿는다 // 거북이가 도와줄 것이라고 / 비가 내리는 것을 /
turtle. **20** They believe // the turtle will help / to bring rain /
                                    ^
                                   that

이 의식 후에.
after this ceremony.

---

be held (회의·시합 등이) 열리다, 개최되다

pleased 좋아하는, 기뻐하는

whether ~인지 어떤지; ~이든 (아니든)

practice 실행, 실천; (사회의) 관습; 연습, 훈련; 연습하다; ~을 행하다

custom (사회·집단의) 풍습, 관습

ancient 고대의

make A out of B B로 A를 만들다

hang 걸다, 매달다

face (사람·건물이) 향하다, 마주하다

release (사람·동물을) 놓아주다, 풀어주다; 풀어놓다, 떼어놓다

throw A away A를 버리다

Native American 북미 원주민

traditional 전통적인

pray (신에게) 빌다, 기도하다; ~을 기원하다, 간절히 바라다

wooden 나무로 된, 목재의

shell (거북·게 등의) 등딱지, 껍데기

otherwise (만약) 그렇지 않으면

place 두다, 놓다

afterward 그 후에

ceremony 식, 의식

[선택지 어휘]
effort 노력

related to ~와 관련 있는

myth 미신

scientific 과학적인

absence 부재, 없음, 결핍

해석 한눈에 보기

1 개구리 결혼식을 들어본 적 있는가? **2** 이것은 인도에서 실제로 일어났다. **3** 힌두교도들은 비의 신이 있다고 생각했다. **4** 그들은 개구리 결혼식이 거행될 때, 신이 기뻐해서 비를 내려줄 것이라고 생각했다. **5** 결혼식 후에 개구리들은 그들의 호수로 돌려보내졌다. **6** 아무도 그 커플이 함께 했는지는 알지 못한다.
7 일본인들은 고대부터 화창한 날씨를 기원하기 위해 '떼루 떼루 보주'라고 불리는 풍습을 행해 왔다. **8** 그들은 좋은 날씨를 기원하기 위해 종이나 하얀 천으로 인형을 만든다. **9** 이 인형은 보통 창문 안쪽에 걸리는데, 일본인들은 인형을 걸기 전에 인형에 얼굴을 그리지 않는다. **10** 만약 다음 날 날씨가 좋으

면, 그들은 인형에 감사하기 위해 얼굴을 그리고, 그것을 강에 놓아 준다. ¹¹ 그러나 날씨가 좋지 않으면, 그들은 얼굴을 그리지 않고 그냥 그것을 버린다. ¹² 북미 원주민들도 비를 기원하는 전통 풍습을 갖고 있다. ¹³ 그것을 행하기 위해 그들은 먼저 더러운 장소를 찾는다. ¹⁴ 그곳에서 그들은 나무 막대를 이용하여 거북이를 그린다. ¹⁵ 거북이는 한 개의 머리와 네 개의 다리와 등딱지를 가져야 한다. ¹⁶ 거북이는 서쪽을 향해 있어야 한다. ¹⁷ 그렇지 않으면, 비는 오지 않을 것이다. ¹⁸ 그리고 나서 그들은 막대를 거북이의 등에 놓는다. ¹⁹ 그 후에, 그들은 막대와 거북이 주변에서 함께 노래를 부르고 춤을 춘다. ²⁰ 그들은 이 의식 후에 거북이가 비를 내리게 도와줄 것이라고 믿는다.

필수 구문 확인하기

⁶ No one knows **whether** the couples stayed together.

▶ 여기서 whether는 '~인지 어떤지'의 뜻으로, 명사절을 이끌어 knows의 목적어 역할을 하고 있다.

²⁰They believe (**that**) the turtle will help bring rain after this ceremony.

▶ believe 뒤에 명사절을 이끄는 접속사 that이 생략되었다.

---

02 [사회 | 환경 문제와 지속 가능한 환경] 쓰레기의 변신 본문 p.34~37

교육부 지정 중학 필수 어휘
1 combined 2 replied 3 damage 4 insect 5 assembled 6 devoted 7 fascinated

START READING!
1 ③ 2 (1) T (2) T (3) F

KEEP READING!
1 ④ 2 ③ 3 (b) 4 ④ 5 damage

KEEP READING! 해설

1 지문에 가장 적절한 제목을 고르는 문제이다. 쓰레기로 동물 예술 작품을 만드는 예술가 아뛰르 보르달로에 대한 내용이므로 정답은 ④이다.
   ① 매우 재능 있는 예술가
   ② 자연의 아름다운 상징
   ③ 쓰레기의 심각한 문제들
   ④ 쓰레기를 예술품으로 바꾸는 예술가
   ⑤ 인간이 환경에 주는 영향

2 지문의 내용과 일치하지 않는 것을 고르는 문제이다. 아뛰르의 예술에서 한 가지 더 흥미로운 점은 그의 작품 대부분이 동물이나 곤충이라는 것(One more point that fascinates ~ animals or insects.)이라고 했으므로 ③은 지문의 내용과 일치하지 않는다.
   ① 아뛰르는 포르투갈에 사는 예술가다.
   ② 아뛰르는 예술 작품을 만들기 위해서 쓰레기를 모은다.
   ③ 아뛰르는 사람들에게 경고하려고 어두운색으로 자신의 예술품을 그린다.
   ④ 아뛰르의 작품은 동물들을 죽이는 재료들로 만들어진 동물이다.
   ⑤ 아뛰르의 작품은 점점 더 유명해지고 있다.

3 밑줄 친 문장은 '이것이 그를 전 세계적으로 유명하게 만든 전부가 아니다.'라는 의미로, 앞에서 언급한 내용 외에도 그를 유명하게 만든 다른 점이 더 있다는 의미이다. 따라서 정답은 (b)이다.
   (a) 그를 유명하게 만드는 단 한 가지 이유가 있다.
   (b) 그를 유명하게 만드는 데에는 이유가 더 있다.
   (c) 그는 세계적으로 전혀 유명하지 않다.

4 주어진 문장은 '그는 펭귄, 토끼, 메뚜기, 라쿤, 무당벌레 그리고 우리가 주변에서 보는 많은 다른 종을 만들어 왔다.'라는 의미이다.
   ④의 앞부분에서 그의 예술에서 한 가지 더 흥미로운 점은 대부분의 그의 작품은 동물이나 곤충이라는 것(One more point that

fascinates ~ animals or insects.)이라는 내용이 나오고, 뒷부분에는 그가 쓰레기로 동물이나 곤충을 만드는 이유가 나와 있으므로 주어진 문장이 들어갈 가장 적절한 곳은 ④이다.

5 ⓐ는 '무언가를 덜 유용하거나 덜 가치 있게 만드는 피해나 부상'을 의미하고 ⓑ는 '해치거나 손상시키는 것'을 의미하므로 정답은 damage(손상, 피해; 손상을 주다, 피해를 입히다)이다.

끊어서 읽기

어떤 예술가들은 선택한다 / 자신의 예술을 문제를 해결하는 데 바치는 것을 /
1 Some artists choose / to devote their art to solving problems / in
　　　　　　　　　　to+동사원형 (~하는 것을)

사회의 또는 지구상의. 　　아뚜르 보르달로는 그중 하나이다. 　　그는 예술가이다
society or on the planet. **2** Artur Bordalo is one of them. **3** He is an

　　　　　　　　/ 포르투갈 리스본의 / 그리고 그는 쓰레기로 예술품을 만든다.
artist / in Lisbon, Portugal, / who creates artworks with trash. **4** To make
　　　　　　　　　　　　　　　　　　　　　　　　　　　　　　　　　to+동사원형 (~하기 위해)

그의 멋진 예술품을 만들기 위해 / 그는 캔, 자동차 타이어, 나무, 컴퓨터 부품,
his wonderful art, / he assembles cans, car tires, wood, computer parts,

그리고 고장 난 기계를 모은다 / 동네 주변의 공장과 더러운 장소에서.
and broken machines / from factories and dirty places around town.

그는 그러고 나서 일을 시작한다 / 그것들을 합침으로써 / 그리고 그것들을 밝은색으로 칠한다.
5 He then gets to work / by combining them / and painting them with
　　　　　　　　　　　　　　by -ing (~함으로써)

그런데 이것이 전부가 아니다 / 그를 전 세계적으로 유명하게 만드는 것은.
bright colors. **6** However, this is not all / that makes him popular around

한 가지 더는 / 그의 예술에서 우리를 매료하는 //
the world. **7** One more point / that fascinates us about his art is //

대부분의 그의 작품은 동물이나 곤충이라는 것이다. 그는 만들어 왔다 /
that most of his works are animals or insects. **8** He has created /

펭귄, 토끼, 메뚜기, 라쿤, 무당벌레 그리고 많은 다른 종을
a penguin, a rabbit, a grasshopper, a raccoon, a ladybug, and

우리가 주변에서 보는. 그가 왜냐는 질문을 받았을 때
many other species / that we see around us. **9** When he was asked why,

// 그는 대답했다 // 그는 피해에 주목을 끌기를 원했다고 /
// he replied // that he wanted to draw attention to the damage /
　　　　　　　(~인 것을)　　to+동사원형 (~하는 것을)

동물과 곤충들에게 / 폐기물 생산으로부터. 그는 재료들로 동물을 만든다
to animals and insects / from waste production. **10** He creates animals

/ 그들의 죽음에 책임이 있는.
with the materials / that are responsible for their deaths. **11** His works

그의 작품은 점점 더 인기를 얻고 있다 // 왜냐하면 그것들은
are becoming more and more popular // because they not only

도시의 풍경을 장식할 뿐 아니라 / 또한 환경에 대한 무거운 메시지를 우리에게 보내기 때문에.
decorate the city landscape / but also send us a heavy message about

the environment.

어휘 확인하기

devote 바치다, ~에 헌신하다

society 사회

artwork 예술품

assemble 모으다, 집합하다; 모이다

combine 합치다, 결합하다

fascinate 마음을 사로잡다, 매료하다

insect 곤충

grasshopper 메뚜기

raccoon 라쿤, 미국너구리

ladybug 무당벌레

reply 대답하다; 대답; 답장

damage 손상, 피해; 손상을 주다, 피해를 입히다

responsible 책임이 있는

decorate 장식하다, 꾸미다

landscape 풍경

[선택지 어휘]

talented 재능이 있는

serious 심각한

impact 영향

해석 한눈에 보기

1 어떤 예술가들은 자신의 예술을 사회나 지구상의 문제를 해결하는 데 바치는 것을 선택한다. **2** 아뚜르 보르달로는 그중 하나이다. **3** 그는 포르투갈 리스본의 예술가로, 쓰레기로 예술품을 만든다. **4** 훌륭한 예술품을 만들기 위해 그는 캔, 자동차 타이어, 나무, 컴퓨터 부품, 그리고 고장 난 기계를 동네 주변의 공장과 더러운 장소에서 모은다. **5** 그는 그러고 나서 그것들을 합치고 밝은색으로 칠함으로써 일을 시작한다. **6** 그러나 이것이 그를 전 세계적으로 유

명하게 만드는 것의 전부가 아니다. ⁷ 그의 예술에서 한 가지 더 우리를 매료하는 점은 대부분의 그의 작품은 동물이나 곤충이라는 것이다. ⁸ 그는 펭귄, 토끼, 메뚜기, 라쿤, 무당벌레 그리고 우리가 주변에서 보는 많은 다른 종을 만들어 왔다. ⁹ 그에게 이유를 물었을 때, 그는 폐기물 생산으로 동물과 곤충이 입는 피해가 주목받기를 원했다고 말했다. ¹⁰ 그는 그들의 죽음에 책임이 있는 재료들로 동물들을 만든다. ¹¹ 그의 작품들은 도시의 풍경을 꾸밀 뿐 아니라 환경에 대한 무거운 메시지를 우리에게 보내기 때문에 점점 더 인기를 얻고 있다.

필수 구문 확인하기

³ He is an artist in Lisbon, Portugal, **who** creates artworks with trash.

▶ who 이하는 선행사인 an artist를 부연 설명하는 관계대명사절로, 여기서는 and he creates artworks with trash로 바꿔 쓸 수 있다.

⁷ One more point that fascinates us about his art is **that** most of his works are animals or insects.
                              S   V   C

▶ that은 명사절을 이끄는 접속사로 여기서 that 이하는 문장의 보어로 쓰였다.

¹¹ His works are becoming more and more popular because they **not only** decorate the city landscape **but also** send us a heavy message about the environment.

▶ 「not only A but also B」는 'A뿐만 아니라 B도'의 의미이다.

---

03   [수학 | 원의 성질] 맨홀 뚜껑   본문 p.38~41

교육부 지정 중학 필수 어휘
1 serious 2 moreover 3 tip 4 potential 5 lift 6 position 7 Above 8 whereas

START READING!
1 can find square manholes 2 (뾰족한) 끝, 끝 부분

KEEP READING!
1 ④ 2 ③ 3 potential 4 (A) safer (B) easy (C) fall into

KEEP READING! 해설

1 지문에 가장 적절한 제목을 고르는 문제이다. 원이 가진 성질 때문에 다른 모양의 뚜껑보다 더 많이 사용된다는 것을 설명하는 내용이므로 정답은 ④이다.
  ① 맨홀의 기능
  ② 맨홀의 다른 모양들
  ③ 둥근 맨홀의 잠재적인 위험
  ④ 맨홀 뚜껑은 왜 둥글까?
  ⑤ 둥근 맨홀 안에서 작업자들은 무엇을 할까?

2 빈칸 앞에서 원형의 맨홀 뚜껑은 어떤 위치에 있더라도 지름이 같아서 구멍으로 빠지지 않는다고 했고, 뒤에서는 다른 모양은 변의 길이보다 대각선이 더 길다는 내용이 이어지므로, 두 가지 사실을 대조하는 의미를 가진 ③이 들어가는 것이 적절하다.
  ① 그러므로 ② 게다가 ③ 반면에 ④ 예를 들어 ⑤ 그렇지 않으면

3 '가능한 또는 미래에 일어날 듯한'이라는 의미를 가진 potential(가능성이 있는, 잠재적인)이 정답이다.

4 원형의 맨홀 뚜껑이 사용되는 여러 이유를 설명하는 글이다. 원형의 맨홀 뚜껑은 다른 모양에 비해 안전하며, 작업자들이 굴리면서 운반하기 쉽고, 원의 지름은 어디 위치에서나 다 똑같기 때문에 구멍에 쉽게 빠지지 않는다는 내용이다. 따라서 정답은 (A) safer, (B) easy, (C) fall into이다.

> 맨홀은 여러 이유로 원형의 모양이다. 그것들은 다른 모양보다 작업자와 자동차에 (A) 더 안전하다. 또한 작업자들이 무거운 뚜껑을 운반하기에 (B) 쉽다. 마지막으로 원형으로 된 맨홀은 쉽게 구멍에 (C) 빠지지 않는다.

왜 원이 선택되었는가 / 모든 가능한 모양 중에서 / 맨홀을 위한?
¹ Why is a circle selected / of all potential shapes / for manholes?

여러 가지 이유가 있다. 가장 먼저 / 맨홀에서 일하는 사람들은 /
² There are several reasons. ³ First of all, / people working in manholes /

쉽게 그것에서 나오고 들어갈 수 있다 // 원은 모서리를 갖고 있지 않기 때문에.
can easily go into and come out of them // because circles don't have

그것은 차에 더 안전하다 / 또한. 차가 맨홀 위를 달릴 때
corners. ⁴ It is safer for cars / as well. ⁵ When a car runs over a manhole,

// 그것은 뚜껑이 들리는 것을 야기한다 / 조금. 만약 뚜껑이 다른 모양이라면
// it causes the cover to lift / a little bit. ⁶ If the cover is a different

/ 삼각형이나 정사각형 같은 // 뚜껑의 끝 부분은 /
shape, / such as a triangle or a square, // the tip of the cover /

타이어에 손상을 줄 수도 있다. 이것은 초래할지도 모른다 / 심각한 사고를.
may damage the tire. ⁷ This might lead to / a serious accident.

게다가 / 둥근 뚜껑은 움직이기 쉽다 / 여기저기로.
⁸ Moreover, / round covers are easy to move / from place to place.

그것들은 다른 곳으로 간단히 굴려질 수 있다 // 다른 모양들은 할 수 없는 반면에.
⁹ They can simply be rolled to places, // whereas other shapes cannot.

작업자들은 무거운 뚜껑을 날라야 할 것이다 / 그들 스스로. 그러나 무엇보다도
¹⁰ Workers would have to carry heavy covers / on their own. ¹¹ But, above

/ 가장 큰 이유는 ~이다 // 둥근 뚜껑은 구멍으로 빠지지 않는다는 것.
all, / the biggest reason is // that round covers can't fall through a hole.

그것들은 구멍으로 떨어지지 않는다 // 왜냐하면 지름이 항상 같기 때문에
¹² They don't fall into the hole // because the diameter is always the

/ 어떤 위치에서도. 반면에 / 다른 모양들은 더 긴 대각선을 갖는다
same / in any position. ¹³ On the other hand, / different shapes have

/ 그들의 변보다. 이것은 의미한다 //
longer diagonal lines / than their sides. ¹⁴ This means // that covers of
(~인 것을)

다른 모양의 뚜껑은 / 구멍으로 떨어질 수 있다는 것을 / 만약 그것들이 제대로 놓이지 않으면.
other shapes / could fall into the hole // if they aren't placed right.

select ~을 고르다, 선택하다

potential 가능성이 있는, 잠재적인; 가능성, 잠재력

manhole 맨홀

several 몇몇의

easily 쉽게

cause 유발하다, 야기하다

lift (위로) 올리다, 들어 올리다; 들리다, 올라가다

triangle 삼각형

square 정사각형

tip (뾰족한) 끝, 끝 부분; (실용적인, 작은) 조언

damage 손상[피해]을 입히다

tire 타이어

lead to ~로 이끌다

serious 중대한, 심각한; 진심의, 진담의

moreover 게다가, 더욱이

simply 단지, 단순하게

whereas ~에 반하여, 그런데

above ~보다 위에, ~보다 높은

above all 무엇보다도, 특히

position 위치; 자세; 입장, 태도; 특정한 장소에 두다, 배치하다

place 놓다, 두다

[선택지 어휘]

function 기능, 작용

해석 한눈에 보기

¹ 맨홀은 왜 모든 가능한 모양 중에서 원으로 선택되었을까? ² 여기에는 여러 가지 이유가 있다. ³ 먼저, 원은 모서리가 없기 때문에 맨홀에서 일하는 사람들은 쉽게 거기로 출입할 수 있다. ⁴ 맨홀은 차에도 더 안전하다. ⁵ 차가 맨홀 위를 달릴 때, 그것은 뚜껑이 조금 들리도록 한다. ⁶ 만약 뚜껑이 삼각형이나 정사각형 같은 다른 모양이면, 뚜껑의 끝부분이 타이어를 손상시킬 수 있다. ⁷ 이것은 심각한 사고를 초래할지도 모른다. ⁸ 게다가 둥근 뚜껑은 이곳저곳으로 움직이기 쉽다. ⁹ 다른 모양은 그럴 수 없는 반면, 둥근 뚜껑은 간단히 다른 곳으로 굴려질 수 있다. ¹⁰ 작업자들은 혼자서 무거운 뚜껑을 날라야 할 것이다. ¹¹ 그러나 무엇보다도 가장 큰 이유는 둥근 뚜껑은 구멍으로 빠지지 않는다는 것이다. ¹² 그것은 지름이 어떤 위치에서도 항상 같기 때문에 구멍으로 떨어지지 않는다. ¹³ 반면에 다른 모양은 변보다 더 긴 대각선을 갖는다. ¹⁴ 이것은 제대로 놓이지 않으면, 다른 모양의 뚜껑은 구멍으로 떨어질 수 있다는 것을 의미한다.

필수 구문 확인하기

³ First of all, *people* [**working** in manholes] can easily go into ~.

▶ working in manholes는 people을 수식하는 현재분사구이다.

¹¹But, above all, the biggest reason is **that** round covers can't fall through a hole.
     S   V   C

▸ that은 명사절을 이끄는 접속사로, that 이하는 동사 is의 보어 역할을 한다.

04 [역사 | 조선의 성립과 발전] 탄금대와 신립 장군

교육부 지정 중학 필수 어휘
1 doubt　2 embarrassed　3 spirit　4 rejected　5 cliff　6 disagree　7 invaded　8 proposal　9 warned

START READING!
1 ordered him to stop　2 ③

KEEP READING!
1 ④　2 ③　3 탄금대라고 불리는 절벽으로 가는 것　4 ②　5 ⑤

KEEP READING! 해설

1 지문에 적절한 제목을 고르는 문제이다. 신립이 우연히 목숨을 구한 여인이 신립에게 죽은 후에도 여러 전쟁에서 이길 수 있도록 도와줘서 그 여인의 말대로 탄금대에서 전투를 벌였으나 크게 패배했다는 내용이므로 정답은 ④이다.
① 신립을 구해준 여인
② 탄금대 출신의 최고의 군인
③ 무엇이 조선과 일본 사이에 전쟁을 일으켰는가?
④ 신립이 전투에서 탄금대를 왜 선택했는가
⑤ 신립은 모든 전투에서 어떻게 이길 수 있었을까?

2 신립은 처음에는 여인의 영혼이 주는 조언을 의심했지만, 그녀의 조언이 실제로 들어맞았다(Shin doubted ~ actually worked.)고 했으므로 일치하지 않은 것은 ③이다.
① 신립은 산속에서 사냥을 하던 중 한 여인의 목숨을 구했다.
② 여인은 신립과 결혼하길 원했으나 신립은 그녀를 거절했다.
③ 신립은 처음에 영혼이 주는 조언이 효과가 없었기 때문에 영혼을 의심했다.
④ 신립은 탄금대에서 벌어진 일본과의 전투에서 패배했다.
⑤ 영혼은 마지막 전투를 제외하고는 신립에게 전투에서 이기는 방법을 알려주었다.

3 밑줄 친 the idea 앞에서는 평소대로 영혼은 신립에게 탄금대라고 불리는 절벽으로 가라고 말했지만(This time she ~ called Tangeumdae.), 모두가 이를 동의하지 않았다고 했으므로 정답은 '탄금대라고 불리는 절벽으로 가는 것'이다.

4 빈칸 앞 내용에서는 모두가 그 생각에 동의하지 않았다고 했다. 이어서 앞 뒤 상반되는 내용을 연결하는 접속사 but이 나오므로, 앞의 내용과 상반되는 '모두가 동의하지 않았지만, 신립은 영혼이 말해준 조언을 믿었다'는 내용이 자연스럽다. 따라서 빈칸에 들어갈 말은 ②이다.
① 거절했다　② 믿었다　③ 무시했다　④ 구했다　⑤ 의심했다

5 신립이 목숨을 구해준 여인은 너무 고마워서 신립에게 자신과 결혼해줄 것을 요청했다(The woman ~ to marry her)고 했으므로 정답은 ⑤이다.
① 탄금대의 정확한 위치는 어디인가?
② 신립은 여인의 청혼을 왜 거절했는가?
③ 여인의 영혼은 조언을 해주기 위해 몇 번 나타났는가?
④ 일본과의 전쟁에서 신립은 어떤 무기를 가지고 있었는가?
⑤ 여인은 신립에게 왜 그녀와 결혼해달라고 요청했는가?

18　정답 및 해설

끊어서 읽기

신립이 젊었을 때 // 그는 산에 갔다 / 사냥하기 위해.
1 When Shin Rip was young, // he went to the mountains / to hunt.
〈to+동사원형 〈~하기 위해)

그는 산속 깊이 들어갔다 / 그리고 동물들을 찾았다.
2 He went very deep into the mountains / and looked for animals.

그러나 대신에 / 그곳에서 그는 도둑을 보았다 / 한 여자를 붙잡으려는.
3 But instead, / there he saw a thief / trying to capture a woman.

신립은 도둑과 싸웠다 / 그리고 그녀를 구했다. 그 여자는 너무 감사해서 //
4 Shin fought the thief / and saved her. **5** The woman was so thankful //
so ~ that (너무 ~해서 …하다)

그녀는 신립에게 요청했다 / 그녀와 결혼해달라고 // 그러나 신립은 그 청혼을 거절했다.
that she asked Shin / to marry her, // but Shin rejected the proposal.

그녀는 매우 당황했다 / 이것 때문에 / 그리고 자살했다 /
6 She felt very embarrassed / because of this / and killed herself /

결국.
in the end.

그녀의 죽음 이후 / 그녀의 영혼은 떠돌아다녔다. 신립의 전투 전에
7 After her death, / her spirit wandered around. **8** Before Shin Rip's

/ 영혼은 나타나곤 했다 / 신립 앞에 / 그리고 그에게 경고했다.
battles, / the spirit would show up / in front of Shin / and warn him.

그녀는 그에게 정확하게 말해주었다 / 어떤 전투에서든 이기는 방법. 신립은 처음에는 그녀를 의심했다
9 She would tell him exactly / how to win any battle. **10** Shin doubted her

// 그러나 그녀의 조언은 실제로 효과가 있었다. 그래서 / 그는 그녀를 믿기 시작했다.
at first, // but her advice actually worked. **11** So, / he began to trust her.
to+동사원형 〈~하는 것을〉

일본군이 조선을 침략했을 때 // 신립은 다시 싸울 준비를 했다.
12 When the Japanese army invaded Joseon, // Shin again prepared to fight.
to+동사원형 〈~하는 것을〉

평상시처럼 / 그 영혼은 신립에게 왔다 / 그리고 그에게 조언을 해주었다. 이번에는
13 As usual, / the ghost came to Shin / and gave him advice. **14** This time

/ 그녀는 그에게 말했다 / 절벽으로 가라고 / 탄금대라고 불리는.
/ she told him / to go to a cliff / called Tangeumdae. **15** Everyone
to+동사원형 〈~하는 것을〉

모두가 그 생각에 동의하지 않았다, // 그러나 신립은 믿었다 / 그 영혼이 그에게 말해준 것을.
disagreed with the idea, // but Shin trusted / what the spirit had told

사실 / 탄금대는 끔찍한 장소였다 / 일본군과 싸우기에.
him. **16** Actually, / Tangeumdae was a terrible place / to fight the

사람들은 말한다 // 그 여자가 신립에게 복수를 원했다고 /
Japanese army. **17** People say // that the woman wanted revenge on Shin /
(~인 것을)

그녀의 청혼을 거절했기 때문에 / 그래서 그녀는 그를 만들었다고 / 전투에서 지게.
for rejecting her proposal, // so she made him / lose the battle.

어휘 확인하기

instead 대신에

thief 도둑, 절도범

capture 붙잡다, 포획하다

thankful 감사하는, 고맙게 여기는

reject 거부하다, 거절하다

proposal 제안, 제의; 청혼

embarrassed 창피한, 당황한

kill oneself 자살하다

in the end 마침내, 결국

spirit 정신, 마음; (육체를 떠난) 영혼, 유령; 활기, 용기

wander 돌아다니다, 헤매다

show up 나타나다

warn 경고하다, 조심시키다

exactly 정확하게

doubt 의심, 불신; 의심하다, 수상히 여기다

trust 신뢰하다, 믿다

invade 침입하다, 침략하다; (권리 등을) 침해하다

prepare 준비하다, 준비시키다

as usual 평상시처럼

cliff (특히 해안의) 낭떠러지, 절벽

disagree 동의하지 않다, 의견이 다르다

terrible 끔찍한

[선택지 어휘]
except for ~을 제외하고
ignore 무시하다
location 장소
weapon 무기

해석 한눈에 보기

1 신립이 젊었을 때, 사냥을 하러 산에 갔다. **2** 그는 산속 깊이 들어가 동물들을 찾아다녔다. **3** 그러나 대신에 그는 그곳에서 도둑이 한 여인을 잡으려고 하는 것을 보았다. **4** 신립은 도둑과 싸워 그녀를 구해냈다. **5** 그 여인은 너무 감사해서 자신과 결혼해줄 것을 요청했지만, 신립은 청혼을 거절했다. **6** 그녀는 이 일로 매우 당황했고 결국 자살했다.
7 죽음 이후, 그녀의 영혼은 떠돌아다녔다. **8** 영혼은 신립의 전투 전에 나타나 경고하곤 했다. **9** 그녀는 그에게 어떤 전투라도 이기는 방법을 정확하게 말해주었다. **10** 신립은 처음에는 의심했지만, 그녀의 조언은 실제로 효과가 있었다. **11** 그래서 그는 그녀를 믿기 시작했다.
12 일본군이 조선을 침략했을 때, 신립은 다시 싸울 준비를 했다. **13** 평소와 같이 영혼은 신립에게 와서 조언을 해주었다. **14** 이번에는 신립에게 탄금대라

고 불리는 절벽으로 가라고 말했다. **15** 모두가 그 생각에 동의하지 않았지만, 신립은 영혼이 말해준 것을 믿었다. **16** 사실, 탄금대는 일본군과 싸우기에 매우 좋지 않은 장소였다. **17** 사람들은 그 여인이 자신의 청혼을 거절한 것에 대해 신립에게 복수를 원했고, 그래서 그를 전투에서 지게 만들었다고 말한다.

필수 구문 확인하기

3 But instead, there he <u>**saw**</u> <u>a thief</u> <u>**trying** to capture a woman</u>.
                        V   O   C

    ▶「see+목적어+-ing[동사원형]」는 '~가 …하는 것을 보다'라는 뜻이다.

14 This time she told him to go to *a cliff* [**called** Tangeumdae].

    ▶ called Tangeumdae는 앞의 a cliff를 수식하는 과거분사구이다.

15 Everyone disagreed with the idea, but Shin trusted **what** the spirit had told him.

    ▶ what은 선행사를 포함하는 관계대명사로 '~하는 것'의 의미를 가진다. what 이하는 trusted의 목적어이다.

Chapter 03

본문 p.48~51

01 [역사 | 문명의 형성과 고조선의 성립] 문명의 시작

교육부 지정 중학 필수 어휘
1 extra **2** primary **3** crops **4** essential **5** evolved **6** fueled **7** construction **8** named

START READING!
1 Do you know what civilization is **2** ③

KEEP READING!
1 ⑤ **2** ④ **3** ② **4** ①

KEEP READING! 해설

1 지문에 가장 적절한 주제를 고르는 문제이다. 고대 4대 문명은 강 주변에서 형성되었다는 공통점과 그 이유에 관해 설명하고 있으므로 정답은 ⑤이다.
① 문명이 인간의 삶에 미치는 결과
② 세계 강들의 고대 역사
③ 인간은 생존하기 위해 물이 왜 필요한가
④ 고대 4대 문명이 언제 발달했는가
⑤ 초기 문명이 왜 강 주변에서 시작되었는가

2 대도시를 건설하는 것을 가능하게 했다고 언급되었지만, 어떻게 과거 사람들이 대도시를 건설했는지에 관한 언급은 없으므로 정답은 ④이다.
① '메소포타미아'의 뜻
② 세계에서 두 번째로 긴 강은 무엇인지
③ 초기 4대 문명이 무엇이었는지
④ 과거에 사람들이 어떻게 대도시를 건설했는지
⑤ 강물로 사람들이 무엇을 할 수 있었는지

3 주어진 문장은 '인간은 땅을 경작하기 위해 물이 필요했고, 강은 인간에게 많은 물을 주었다.'라는 의미이다. ② 앞에서는 강은 고대 4대 문명의 주요한 물의 원천이라고 하고, 뒤에서는 필요한 것보다 더 많은 농작물을 생산할 수 있었다고 말하고 있으므로 주어진 문장은 이 중간에 들어가야 자연스럽다. 따라서 정답은 ②이다.

4 강 주변에서 고대 4대 문명이 형성된 이유를 설명하는 글이다. 강은 사람들에게 물을 제공하고, 사람들은 강의 물을 이용해 땅을 경작하고 농작물을 재배하면서 더 많은 식량과 직업을 만들어 냈다는 내용이다. 따라서 정답은 ①이다.

강은 도시를 연결해주었을 뿐 아니라 땅을 경작하기 위한 물을 (A) 제공했으며, 이는 결국 더 많은 음식과 직업을 (B) 생산했다.

	(A)		(B)
①	제공했다	……	생산했다
②	말렸다	……	필요했다
③	필요했다	……	저장했다
④	이름 지었다	……	사용했다
⑤	발달시켰다	……	증가했다

끊어서 읽기

초기의 대문명은 / 모두 강 주변에서 생겨났다. 메소포타미아는
1 The first great civilizations / all grew up near rivers. **2** Mesopotamia was

그중 하나였다 / 이것의 이름은 의미한다 / '강 사이의 땅'을. 이것은 이름 지어졌다
one of them, / whose name means / "land between the rivers." **3** It was

어휘 확인하기

civilization 문명
name 이름, 명칭; 명명하다, ~에(게) 이름을 짓다

named // because it started / along the Tigris and Euphrates rivers /

in the Middle East. 4 Another was the civilization / of Ancient Egypt.

5 It evolved / near the Nile River, / the second longest river in the world.

6 The third civilization appeared / in India, // and it began / along the

Indus River in India. 7 The fourth developed in China. 8 It started /

along the Yellow River.

9 Why did these civilizations all grow up / near rivers? 10 Why were rivers

so essential / to develop into a civilization? 11 Rivers were their primary

source of water. 12 Humans needed water / to farm their lands, //

and rivers gave them plenty of it. 13 With the water from the rivers, /

they could produce more crops / than they needed. 14 This extra food /

led people / to gather and build a community. 15 Living in a community, /

they could engage in different forms of work / in other areas, /

such as trading, construction of buildings, or metal working. 16 Rivers

also allowed easier travel, / fueling the interaction / between cities.

17 This made it possible / to build big cities, / and later, great

civilizations as well.

---

evolve 《생물》 진화하다; 서서히 발달하다
appear 나타나다
develop 발달하다
essential 반드시 필요한, 가장 중요한, 본질적인
primary (순위·관심 따위가) 첫째의, 제1위의; 초기의, 근본적인; (중요성 등이) 주요한, 주된
source 원천, 근원
farm (토지를) 경작하다
plenty of 많은
produce 생산하다, 산출하다
crop 농작물, 수확물
extra 여분의, 추가의
lead ~하게 하다[이끌다]
gather 모이다, 집결하다
community 공동 사회, 공동체
engage in ~에 참여하다
trading 무역, 교역
construction 건설, 공사; 구조, 구성
metal working 금속 가공
allow ~하게 하다[두다]
fuel 연료; 연료를 공급하다; 촉진하다, 부채질하다
interaction 상호 작용

[선택지 어휘]
not only A but also B A뿐만 아니라 B도
eventually 결국

해석 한눈에 보기

1 초기의 대문명은 모두 강 주변에서 생겨났다. 2 메소포타미아는 그중 하나로, 그 이름은 '강 사이의 땅'을 의미했다. 3 그것은 중동에 있는 티그리스 강과 유프라테스 강을 따라 시작되었기 때문에 이름 지어졌다. 4 또 다른 것은 고대 이집트의 문명이다. 5 그것은 세계에서 두 번째로 긴 강인 나일 강 주변에서 발달했다. 6 세 번째 문명은 인도에서 나타났으며, 이것은 인도의 인더스 강을 따라 시작되었다. 7 네 번째는 중국에서 발달했다. 8 그것은 황허 강을 따라 시작되었다.

9 왜 이런 문명들은 모두 강 주변에서 발달하였는가? 10 왜 강들이 문명으로 발전하기 위해 매우 중요했는가? 11 강은 그들의 주요한 물의 원천이었다. 12 인간은 땅을 경작하기 위해 물이 필요했고, 강은 인간에게 많은 물을 주었다. 13 강의 물로 그들은 필요한 것보다 더 많은 농작물을 생산할 수 있었다. 14 이런 여분의 식량은 사람들이 모여 공동체를 형성하도록 이끌었다. 15 공동체 생활을 하면서, 그들은 무역이나 건축, 금속 가공과 같은 다른 분야의 갖가지 일들에 참여할 수 있었다. 16 강은 또한 도시 간의 상호작용을 촉진하며 더 쉬운 여행을 하게 했다. 17 이것은 대도시를 건설하고, 또한 후에 대문명을 형성하는 것을 가능하게 했다.

14 This extra food **led** people **to gather and (to) build a community.**

               V   O   C

▶ 「lead+목적어+to+동사원형」은 '~가 …하게 하다'의 의미이다.

17 This **made** *it* **possible** *to build* big cities, and later, great civilizations as well.

                   가목적어   진목적어

▶ 「make+목적어+형용사」는 '~를 …하게 만들다'의 의미이다. it은 가목적어, to build 이하가 진목적어이다.

---

02 [사회 | 문화 갈등과 공존] 추수감사절　　　　　　　　　　　본문 p.52~55

교육부 지정 중학 필수 어휘
1 explorer　2 grateful　3 native　4 sailed　5 fortunate　6 awful　7 survived　8 freezing

START READING!
1 ③　2 (1) F　(2) T　(3) T

KEEP READING!
1 ⑤　2 ③　3 ④　4 he had once worked with a British explorer　5 native

---

KEEP READING! 해설

1 지문에 가장 적절한 주제를 고르는 문제이다. 필그림들이 플리머스에 도착한 후, 북미 원주민들에게 도움을 받은 것에 대해 감사의 마음으로 저녁을 대접한 일이 추수감사절의 시초가 되었다는 내용이므로 정답은 ⑤이다.
　① 영국에서 플리머스로 향하는 험난한 여정
　② 탐험가와 왐파노아그인의 우정
　③ 왐파노아그인들이 왜 추수감사절을 시작했는가
　④ 왐파노아그인들이 왜 필그림들을 도왔는가
　⑤ 추수감사절이 필그림들로부터 어떻게 시작되었는가

2 어느 날 한 원주민 남자가 그들에게 왔고, 그는 영어를 할 수 있었다(One day, a ~. He could speak ~ a British explorer!)고 했으므로 ③은 지문의 내용과 일치하지 않는다.

3 필그림에게 옥수수와 다른 농작물을 심는 방법을 알려준 것은 왐파노아그 부족 사람들이므로, ⓓ는 왐파노아그인들(the Wampanoags)을 가리키며 나머지는 필그림들을 의미하므로 정답은 ④이다.

4 그 원주민이 어떻게 영어로 말할 수 있었는지를 묻는 문제이다. 그는 한때 영국인 탐험가와 일한 적이 있기 때문에 영어를 할 수 있었다(He could speak ~ a British explorer!)고 했으므로 정답은 he had once worked with a British explorer이다.

5 ⓐ는 '특정 국가나 지역에서 태어난 사람'을 의미하고, ⓑ는 '한 사람이 태어난 이후로 특정 도시나 국가에서 사는'을 의미하므로, native(현지인, 원주민; 태어난 곳의, 토박이의)가 정답이다.

끊어서 읽기

　　　　필그림들은 아메리카로 항해했다　　　/　그리고 매사추세츠의 플리머스에 도착했다
1 The Pilgrims sailed to America / and arrived in Plymouth,

　　　　　　　/　1620년에.　　　그런데 끔찍한 겨울이 그들을 기다리고 있었다
Massachusetts, / in 1620. **2** However, an awful winter was waiting for

어휘 확인하기

sail 항해하다; 돛; 항해, 요트타기
Massachusetts 매사추세츠
《미국 북동부의 주》
awful 끔찍한, 지독한

them // when they reached land. ³ It was freezing, // and about half

of them died / in the first year. ⁴ They thought // that they would

all die. ⁵But, every cloud has a silver lining. ⁶ One day, / a Native

American man came to them. ⁷ He could speak English // because he

had once worked / with a British explorer! ⁸ It was such a fortunate

thing / that happened to them. ⁹ He was a Native American of the

Wampanoags, / a Native American tribe / that lived in the area. ¹⁰ He

asked for help / from his tribe, // and the Wampanoags taught the

Pilgrims / how to plant corn and other crops. ¹¹ Thanks to their help, /

the Pilgrims could survive through the winter. ¹² A year later, / they

could produce more than / enough crops to harvest. ¹³ The Pilgrims

were so grateful. ¹⁴ Without the Wampanoags, / they couldn't survive in

the new land. ¹⁵ So, they invited the Native Americans to dinner / to

give them thanks for their help. ¹⁶ This was the first Thanksgiving Day /

in America.

---

reach 닿다, 도착하다
freezing 너무나 추운
silver lining 구름의 흰 가장자리
native 현지인, 원주민; 태어난 곳의, 토박이의
explorer 탐험가
fortunate 운 좋은, 다행인
tribe 종족, 부족
crop 작물
thanks to ~ 덕분에
survive 살아남다, 생존하다
produce 생산하다
harvest 수확하다
grateful 고마워하는, 감사하는

[선택지 어휘]
journey 여정

해석 한눈에 보기

¹ 필그림들은 아메리카로 항해했고 1620년에 매사추세츠의 플리머스에 도착했다. ² 그런데 그들이 육지에 닿았을 때 끔찍한 겨울이 그들을 기다리고 있었다. ³ 너무 추워서 그들 중 절반이 첫 해에 사망했다. ⁴ 그들은 자신들이 모두 죽을 거라고 생각했다. ⁵ 그러나 괴로운 일이 있으면 즐거운 일도 있는 법이다. ⁶ 어느 날 한 북미 원주민 남자가 그들에게 왔다. ⁷ 그는 한 때 한 영국인 탐험가와 일한 적이 있었기 때문에 영어를 할 수 있었다! ⁸ 그것은 그들에게 일어난 정말로 운 좋은 일이었다. ⁹ 그는 그 지역에 살았던 북미 원주민 부족인 왐파노아그의 원주민이었다. ¹⁰ 그는 자신의 부족에게 도움을 요청했고, 왐파노아그 부족들은 필그림들에게 옥수수와 다른 작물을 심는 방법을 가르쳤다. ¹¹ 그들의 도움 덕에 필그림들은 겨울을 견뎌낼 수 있었다. ¹² 1년 후에, 그들은 수확하기에 충분한 작물 이상을 생산할 수 있었다. ¹³ 필그림들은 무척 감사했다. ¹⁴ 왐파노아그 부족들이 없었다면 그들은 새로운 땅에서 살아남을 수 없었다. ¹⁵ 그래서 그들은 북미 원주민들의 도움에 감사하기 위해 그들을 저녁에 초대했다. ¹⁶ 이것이 미국에서의 첫 번째 추수감사절이었다.

필수 구문 확인하기

⁷ He could speak English because he **had** once **worked** with a British explorer!

▶ had worked는 과거보다 더 앞선 시점의 일을 얘기하는 것으로, 여기서는 '경험'을 나타내는 과거완료이다.

⁸ It was *such a fortunate thing* [**that** happened to them].

▶ that은 주격 관계대명사로, that 이하가 such a fortunate thing을 수식한다.

¹⁰ He asked for help from his tribe, and the Wampanoags taught the Pilgrims **how to plant** corn and
<u>S</u> <u>V</u> <u>IO</u> <u>DO</u>
other crops.

▶ 「how+to+동사원형」은 '~하는 방법'의 의미로 how 이하가 동사 taught의 직접목적어로 쓰였다.

---

03 **[과학 | 자극과 반응] 여드름에 대한 믿음들**   본문 p.56~59

교육부 지정 중학 필수 어휘
1 beneath 2 continuous 3 cure 4 muscles 5 popping 6 condition 7 myth 8 disappointed

START READING!
1 ③ 2 gives you pimples on your skin

KEEP READING!
1 ③ 2 ② 3 ② 4 ⑤ 5 여드름을 터뜨리는 것

KEEP READING! 해설

1 지문에 가장 적절한 제목을 고르는 문제이다. 이 글은 여드름에 관련된 잘못 알려진 믿음 네 가지를 정리한 내용이므로 제목으로 ③이
가장 적절하다.
① 피부의 여드름을 예방하는 방법
② 피부의 여드름을 무엇이 유발하는가
③ 여드름에 대한 잘못된 몇 가지 믿음들
④ 피부를 건강하게 유지하는 방법
⑤ 깨끗한 피부의 중요성

2 하루에 두 번 세안하는 것이 박테리아와 유분기를 줄이는 데 도움이 될 것(washing your ~ the oil)이라고 했으며 오히려 자주 세안하
는 것은 여드름을 악화시킬 수 있다(However, be careful ~. It can ~ worse.)고 하였으므로 정답은 ②이다.
① 여드름은 모공 속 박테리아에 의해서 생긴다.
② 가능한 한 자주 세안하는 것은 여드름을 줄이는 데 도움이 될 것이다.
③ 여드름을 터뜨리면 안 되는 몇 가지 이유가 있다.
④ 당신이 얼마나 오래 고통을 받든 간에 여드름은 사라지지 않을 것이다.
⑤ 모공에는 근육이 없기 때문에 당신은 모공을 열거나 닫을 수 없다.

3 ⓑ 앞에서 여드름을 터뜨리면 그 자리에 흉터가 남는다는 내용이 나오므로 ⓑ는 흉터(a scar)를 가리킨다. 나머지는 모두 여드름(acne)
을 가리키므로 정답은 ②이다.

4 빈칸 (A) 앞에서는 박테리아는 피부에 있는 유분을 먹고 산다고 했고, 뒤에서는 하루에 두 번 세안하는 것은 박테리아와 유분을 줄이는
데 도움이 될 것이라고 했다. 앞과 뒤 내용이 인과관계를 나타내므로 So가 적절하다.
빈칸 (B) 앞에서는 따뜻한 물로 모공을 열고 차가운 물로 닫을 수 있다고 했고, 뒤에서는 그것은 사실이 아니라는 내용이다. 두 개의 상
반되는 내용이 이어지므로 역접을 나타내는 However가 적절하다. 따라서 정답은 ⑤이다.
　　　(A)　　　　　　(B)
① 또한　　…… 그러므로
② 결과적으로　…… 게다가
③ 마찬가지로　…… 그러나
④ 그러나　　…… 예를 들면
⑤ 그래서　　…… 그러나

5 밑줄 친 This 앞에서는 안전하게만 한다면 여드름을 터뜨려도 괜찮다(It's ~ 'Safely')고 했지만, 여드름을 터뜨리는 것은 박테리아를 모
공 깊숙이 밀어 넣을 가능성이 있어 언제나 좋지 않은 생각이라고 하였다. 따라서 밑줄 친 This는 '여드름을 터뜨리는 것'을 가리킨다.

근거 없는 믿음 1 / - 더러운 피부가 여드름을 생기게 한다
¹ Myth 1 / - Dirty Skin Causes Acne

여드름은 생기지 않는다 / 더러운 피부에 의해서 // 하지만 세수를 하는 것은 / 도움이 될 수 있다.
²Acne is not caused / by dirty skin, // but washing your face / can

이것은 생긴다 / 박테리아에 의해서 / 이미 당신의 모공 속에 있는.
help. ³ It is caused / by bacteria / that are already in your pores.

박테리아는 기름을 먹고 산다 / 당신의 피부에 있는. 그래서 / 세수하는 것은 /
⁴ They feed on the oil / on your skin. ⁵ So, / washing your face /

하루에 두 번 / 줄이는 것을 도와줄 수 있다 / 박테리아와 기름을. 그러나
twice a day / will help reduce / the bacteria and the oil. ⁶ However,

/ 너무 많이 세안하는 것을 주의해라. 그것은 또한 당신의 여드름을
/ be careful about too much washing. ⁷ It can also make your

악화시킬 수 있다.
acne worse.

근거 없는 믿음 2 / - 괜찮다 여드름을 터뜨리는 것은 // 당신이 그것을 '안전하게' 한다면
⁸ Myth 2 / - It's Okay / to Pop Pimples // if You Do It 'Safely'

가주어 진주어
이것은 항상 매우 나쁜 생각이다. 여드름을 터뜨리는 것은 / 실제로 밀어 넣는 것일 수도 있다
⁹ This is always a terrible idea. ¹⁰ Popping a pimple / may actually

/ 박테리아를 모공 속으로 더 깊숙이. 더욱 중요한 것은, /
drive / the bacteria deeper into the pore. ¹¹ More importantly, /

당신이 여드름을 터뜨릴 때 // 당신은 ~하는 확률을 증가시킨다 /
when you pop a pimple, // you increase the chance of / having a

그 자리에 흉터를 남기는. 그것은 남을 지도 모른다 / 당신의 피부에 영원히.
scar in its place. ¹² It may stay / on your skin forever.

근거 없는 믿음 3 / - 여드름은 치료될 수 있다
¹³ Myth 3 / - Acne Can Be Cured

당신을 실망시켜 미안하다 // 하지만 그것은 치료될 수 없다. 그것은 계속될 수 있다 /
¹⁴ Sorry to disappoint you, // but it can't be cured. ¹⁵ It can continue /

성인이 되어서도. 여드름은 만성 질환이다. 이것은 의미한다 //
even as an adult. ¹⁶ Acne is a condition. ¹⁷ This means // ∧
that

지속적인 상황이라는 것을 / 당신의 피부와 그 표면 아래에서 일어나는.
it's a continuous situation / that occurs on your skin and beneath

여드름은 왔다가 사라질 수 있다 / 다른 시기에 / 당신의 인생에서
its surface. ¹⁸ Acne may come and go / at different times / in your

// 그래서 당신은 항상 그것에 대해 신경 써야 한다.
life, // so you should always be concerned with it.

근거 없는 믿음 4 / - 모공은 열리고 닫힐 수 있다
¹⁹ Myth 4 / - Pores Can Open and Close

흔한 믿음이다 // 당신이 모공을 열 수 있다는 것은 / 뜨거운 물로
²⁰ It is a common myth // that you can open your pores / with hot

/ 그리고 차가운 물로 모공을 닫을 수 있다는 것은. 그러나 이것은 사실이 아니다.
water / and close them with cold water. ²¹ However, this is not true.

myth 신화; 근거 없는 믿음
cause 유발하다
acne 여드름
bacteria 박테리아, 세균
feed on ~을 먹고 산다
reduce 줄이다
pop 팝(뮤직); 펑[빵] (하고 터지는 소리); 펑[빵] 하는 소리가 나다 [소리를 내다]; 펑[빵] 하고 터지다 [터뜨리다]
pimple 여드름, 뾰루지
drive 밀어 넣다
importantly 중요하게
increase 증가시키다
cure 치료하다, 고치다; 치유, 치유법
disappoint 실망시키다
condition (사람·물건·재정 등의) 상태; (주위의) 상황, 사정, 형편; (치유가 안 되는 만성) 질환 [문제]; (무엇의 방식에) 영향을 미치다; (두발이나 피부의) 건강을 유지하다
continuous 계속되는, 지속적인
occur 일어나다, 발생하다
beneath ~ 아래에
surface 표면
be concerned with ~을 걱정하다, 신경 쓰다
common 흔한, 공통의
allow ~하게 하다[두다]
cool 차게 하다
muscle 근육

[선택지 어휘]
prevent 예방하다
false 잘못된
no matter how 아무리 ~하든
suffer from ~로 고통받다
likewise 마찬가지로

모공은 땀이 당신을 식혀 주도록 한다 / 그리고 기름이 당신의 피부 건강을 유지시키도록 한다,

22 They allow sweat to cool you / and oil to condition your skin,

// 하지만 모공에는 근육이 없다 / 그것들이 열리고 닫히게 하는.

// but they do not have a muscle / to allow them to open and close.
to

해석 한눈에 보기

1 근거 없는 믿음 1 – 더러운 피부가 여드름을 생기게 한다
2 여드름은 더러운 피부에 의해 생기는 것은 아니지만 세안이 도움은 될 수 있다. 3 이것은 이미 (존재하는) 당신의 모공 속 박테리아에 의해서 생긴다. 4 박테리아는 당신 피부의 유분을 먹고 산다. 5 그래서 하루 두 번 세안하는 것은 박테리아와 유분을 줄이는 데 도움이 될 수 있다. 6 그러나 너무 많이 세안하는 것은 주의하라. 7 그것은 또한 여드름을 악화시킬 수 있다.

8 근거 없는 믿음 2 – '안전하게' 한다면 여드름을 터뜨리는 것은 괜찮다
9 이것은 항상 매우 좋지 않은 생각이다. 10 여드름을 터뜨리는 것은 실제 박테리아를 모공 속으로 더 깊이 밀어 넣는 것일 수 있다. 11 더욱 중요한 것은, 당신이 여드름을 터뜨릴 때 그 자리에 흉터를 남길 확률을 증가시킨다. 12 그것은 피부에 영원히 남을 수도 있다.

13 근거 없는 믿음 3 – 여드름은 치료될 수 있다
14 실망시켜 미안하지만, 그것은 치료될 수 없다. 15 여드름은 성인이 되어서도 계속될 수 있다. 16 여드름은 만성 질환이다. 17 이것은 여드름이 당신의 피부와 그 표면 아래에 생기는 지속적인 상황이라는 것을 의미한다. 18 여드름은 당신 인생의 다른 시기에 나타났다 사라질 수 있으므로 당신은 항상 여드름에 대해 신경을 써야 한다.

19 근거 없는 믿음 4 – 모공은 열리고 닫힐 수 있다
20 당신이 뜨거운 물로 모공을 열고 차가운 물로 모공을 닫을 수 있다는 것은 흔한 믿음이다. 21 그러나 이것은 사실이 아니다. 22 모공은 땀으로 당신을 식혀 주고 유분으로 피부의 건강을 유지하게 하지만, 모공은 그것을 열리고 닫히게 하는 근육이 없다.

필수 구문 확인하기

2 Acne is not caused by dirty skin, but **washing your face** can help.
S　　　　　　V

▶ 동명사구(washing your face)가 주어로 쓰였다. '~하는 것'으로 해석한다.

20 It is a common myth **that** you can open your pores with hot water and close them with cold water.
가주어 　　　　　　　　　　진주어

▶ It은 가주어이고, that 이하 절이 진주어이다.

22 They allow sweat to cool you and (allow) oil to condition your skin, ~.
V　　O₁　　C₁　　　　　　O₂　　　C₂

▶ 「allow+목적어+to+동사원형」은 '~가 …하게 하다'라는 의미로, and 뒤에는 allow가 생략되었다. 여기에서 condition은 동사로 '건강을 유지하다'라는 의미이다.

---

04 [국어 | 생각을 나누며] 원탁의 기사들이 알려주는 토의
본문 p.60~63

교육부 지정 중학 필수 어휘
1 narrow　2 forced　3 debated　4 obey　5 deserved　6 particular　7 legend　8 ordinary　9 legendary

START READING!
1 ②　2 ③

KEEP READING!
1 ⑤　2 ⑤　3 ③　4 (1) 동등　(2) 정직　5 (a)

KEEP READING! 해설

1 지문에 가장 적절한 제목을 고르는 문제이다. 영국의 전설적인 아서 왕과 그의 기사들이 토론할 때 사용했던 원탁과 그것의 의미에 대한 글이므로 정답은 ⑤이다.
① 원탁을 만드는 방법
② 영국의 전설 속의 왕
③ 가장 인기 있는 모양의 탁자
④ 용감한 기사가 되는 방법
⑤ 아서의 원탁의 의미

2 원탁의 기사가 지켜야 할 규칙으로 언급되지 않은 것을 고르는 문제이다. 사람을 차별하면 안 된다는 내용은 없으므로 정답은 ⑤이다.

3 주어진 문장은 '그러나 기사들과 아서 왕은 원탁을 사용했다.'라는 의미이다. ③의 앞에서 보통의 탁자들은 직사각형이었고 한쪽 끝에 지도자를 위한 좁은 부분이 있었다는 내용이 나오므로 문맥상 주어진 문장이 이어지기 알맞다. 또한, ③ 뒤로는 원형 탁자에 앉는 것의 의미에 대해 나오므로 주어진 문장이 들어가기 가장 적절한 곳은 ③이다.

4 지문에서 둥근 탁자 주위에 앉은 사람들은 모두 동등하고 정직하다는 것을 의미했다(This meant that ~ equal and honest.)는 내용이 있으므로 빈칸 (1)에는 '동등'이, (2)에는 '정직'이 알맞다.

5 지문의 force와 같은 의미로 쓰인 것을 고르는 문제이다. 지문의 force는 '강요하다, 억지로 ~하게 하다'의 의미로 쓰였으므로 정답은 (a)이다.
(a) 너는 너의 생각을 다른 사람들에게 강요해서는 안 된다.
(b) 그 문은 힘센 남자의 힘에 의해서 부서졌다.

끊어서 읽기

아마 당신은 ~을 들어본 적이 있을 것이다 / '원탁의 기사들'.
1 Maybe you have heard of / the "Knights of the Round Table."

원탁은 테이블이었다 / 아서 왕과 그의 기사들에 의해 사용되었던.
2 The Round Table was a table / used by King Arthur and his knights.

아서 왕은 전설 속의 왕이었다 / 대영제국의.
3 King Arthur was a legendary king / of Great Britain. **4** The Round

원탁은 카멜롯에 있었다 / 아서 왕과 그의 기사들이 살던 성인.
Table was in Camelot, / the castle where King Arthur and his

knights lived.

옛날이야기에서 / 그들은 탁자에서 만났다 / 카멜롯과 왕국에 대해 논의하기 위해서.
5 In the old stories, /they met at the table / to debate about
to+동사원형 (~하기 위해)

탁자의 모양은 매우 중요했다.
Camelot and the kingdom. **6** The shape of the table was very

보통의 탁자들은 직사각형이었다 / 그리고 한쪽 끝에 좁은 부분이 있었다
important. **7** Ordinary tables were rectangular /and had a narrow part

/ 지도자들을 위한. 그러나 기사들과 아서 왕은 원탁을 사용했다.
at one end / for the leaders. **8** But the knights and King Arthur used

이것은 의미했다 // 이 원탁 주위에 앉는 사람들은
a round table. **9** This meant // that the people who sat around this
(~인 것을)

모두 동등하고 정직하다는 것을. 탁자에서는 /
round table / were all equal and honest. **10** At the table, / they

어휘 확인하기

knight (중세의) 기사
legendary 전설 속의; 전설적인, 매우 유명한
debate 토론, 토의; 논의하다, 토의하다
kingdom 왕국
shape 모양
ordinary 보통의, 일상적인
rectangular 직사각형의
narrow 좁은; 좁아지다, 좁히다
equal 같은, 동등한
respect 존중
treat 대우하다, 대하다
deserve ~할 만하다, ~할 가치가 있다
legend 전설
obey 따르다, 순종하다
particular 특정한, 특수한
harm 해를 끼치다, 손상시키다
force 힘, 물리력; 강요하다, 억지로 ~하게 하다
get into (특정한 상황에) 빠지다, 처하다

그들은 서로를 존중하며 이야기했다 // 그리고 모든 사람들은 동등하게 대우받았다.
talked with respect to each other, // and everyone was treated equally.

원탁의 기사가 되기 위해서는 / 기사는 보여주어야 했다 //
¹¹ To become a Knight of the Round Table, / a knight had to show //
to+동사원형 (~하기 위해)

그가 일원이 될 자격이 있다는 것을. 전설에서 / 기사들은 특별한 규칙을
that he deserved to be a member. ¹² In legends, / the knights promised
(~인 것을)

따르기로 약속했다 // 그들이 원탁의 기사가 된다면.
to obey particular rules // if they became a Knight of the Round Table.
to+동사원형 (~하는 것을)

그들은 누구도 죽이지 않기로 약속했다 / 국가에 해를 끼치지 않고 /
¹³ They promised not to kill anyone, / never to harm the country, /

다른 사람에게 절대로 뭔가를 강요하지 않고 / 그리고 절대로 싸움에 휘말리지 않기로 /
never to force anything on others, / and never to get into fights /

사랑 때문에.
because of love.

해석 한눈에 보기

¹ 아마 당신은 '원탁의 기사들'을 들어본 적이 있을 것이다. ² 원탁은 아서 왕과 그의 기사들에 의해 사용된 탁자였다. ³ 아서 왕은 대영제국의 전설 속의 왕이었다. ⁴ 원탁은 아서 왕과 그의 기사들이 살았던 성인 카멜롯에 있었다.
⁵ 옛날이야기에서 그들은 카멜롯과 왕국에 대해 논의하기 위해 탁자에서 만났다. ⁶ 탁자의 모양은 매우 중요했다. ⁷ 보통 탁자는 직사각형이었고 한쪽 끝에 지도자를 위한 좁은 부분이 있었다. ⁸ 그러나 기사들과 아서 왕은 원탁을 사용했다. ⁹ 이것은 이 원탁 주위에 앉은 사람들은 모두 동등하고 정직하다는 것을 의미했다. ¹⁰ 탁자에서 그들은 서로를 존중하며 이야기했고, 모든 사람들은 동등하게 대우받았다. ¹¹ 원탁의 기사가 되기 위해서 기사는 그가 일원이 될 자격이 있다는 것을 보여 주어야 했다. ¹² 전설에서는 기사들은 만약 그들이 원탁의 기사가 된다면 특별한 규칙을 준수할 것을 약속했다. ¹³ 그들은 누구도 죽이지 않고, 절대로 국가에 해를 끼치지 않고, 다른 사람에게 뭔가를 강요하지 않으며, 사랑 때문에 싸움에 휘말리지 않을 것을 약속했다.

필수 구문 확인하기

² The Round Table was *a table* [**used** by King Arthur and his knights].

▶ used 이하는 앞의 a table을 꾸며주는 과거분사구이다.

⁴ The Round Table was in Camelot, *the castle* [**where** King Arthur and his knights lived].

▶ Camelot과 the castle 이하는 동격 관계이다. where 이하는 선행사 the castle을 수식하는 관계부사절이다.

¹³ They **promised** *not* **to kill** anyone, *never* **to harm** the country, *never* **to force** anything on others, and *never* **to get** into fights because of love.

▶ 동사 promise는 to부정사를 목적어로 취하며, to부정사의 부정은 바로 앞에 not이나 never를 써서 나타낸다.

Chapter 04

01 [수학 | 무리수] 파이데이(π day)를 아세요?
본문 p.66~69

교육부 지정 중학 필수 어휘
1 rather 2 vocabulary 3 barrier 4 range 5 emphasized 6 entertaining 7 hosted

START READING!
1 재미있는, 즐거움을 주는 2 there are endless numbers after

KEEP READING!
1 ④ 2 ② 3 ④ 4 host

KEEP READING! 해설

1 지문에 가장 적절한 제목을 고르는 문제이다. 파이데이가 되면 파이를 구워 먹고, 여러 대회를 하고, 수학과 관련된 영화를 보는 등 다양한 방법으로 파이데이를 기념한다는 내용이므로 정답은 ④이다.
① 파이데이에 열리는 대회들
② 파이데이의 기원
③ 파이의 중요성
④ 파이데이를 기념하는 방법
⑤ 파이가 수학에 끼친 영향

2 지문의 내용과 일치하지 않는 것을 고르는 문제이다. 지문에서 파이데이를 기념하는 방법으로 원형 물체를 찾는 것은 언급되지 않았으므로 정답은 ②이다.
① 파이와 쿠키를 굽는 것
② 원형 물체를 찾는 것
③ 3.14 뒤에 오는 숫자를 외우는 것
④ 'pi'가 들어간 단어를 말하는 것
⑤ 수학과 관련된 영화를 보는 것

3 파이데이를 기념하는 방법을 소개하는 글이다. 그중 하나는 3.14 뒤를 따르는 끝이 없는 숫자를 외우는 대회이며, 가능한 한 많은 수를 외워야 한다(In this contest, you ~ after 3.14.)는 내용이다. ④의 내용('사실은 끝나는 숫자들보다 끝나지 않는 숫자들이 더 많다.')은 파이데이를 기념하는 대회를 설명하는 글의 흐름과 맞지 않는다. 따라서 정답은 ④이다.

4 ⓐ는 '파티나 식사에 사람을 초대하는 사람'을 의미하고, ⓑ는 '파티나 저녁 식사 등 특별한 행사를 준비하는 것'을 의미하므로 host(주인; 주최하다, 열다)가 정답이다.

끊어서 읽기

사람들이 파이데이를 기념하고 즐긴다 / 다양한 방법으로. 우선
¹ People celebrate and enjoy Pi Day / in a wide range of ways. ² First

/ 그들은 파이 음식을 먹는다. 이것은 가장 인기 있는 방법이다 /
of all, / they eat Pi foods. ³ This is the most popular way / to
　　　　　　　　　　　　　　　　　　　　to+동사원형 (~하는)

파이데이를 기념하는. 보통 / 사람들은 여러 종류의 파이를 굽고 먹는다
celebrate Pi Day. ⁴ Usually, / people bake and eat various kinds of

// 그것들의 모양이 둥글기 때문에. 또한, 'pie'는 'pi'와 같이 들린다.
pies // because they are round in shape. ⁵ Also, "pie" sounds the

그들은 또한 쿠키를 굽는다 / 파이 모양인.
same as "pi." ⁶ They also bake cookies / that have the shape of pi.

어휘 확인하기

celebrate 기념하다
range 범위
wide range of 광범위한, 다양한
various 여러 가지의, 다양한
round 둥근
memorize 암기하다
host 주인; 주최하다, 열다
contest 대회
endless 끝이 없는
vocabulary 어휘

또 다른 방법은 파이를 암기하는 것이다.   당신은 이 방법을 좋아하지 않을지도 모른다 /

7 Another way is to memorize pi. **8** You might not like this way / to

<u>to+동사원형 〈~하는 것〉</u>

기념하는 //   하지만 사람들은 보기 위해 종종 대회를 개최한다 //   그들이 얼마나 많이

celebrate, // but people often host contests to see // how much of

to+동사원형 〈~하는〉   to+동사원형 〈~하기 위해〉

파이를 외울 수 있는지.   파이는 절대 끝이 나지 않는다 //   그래서

pi they can remember. **9** Pi never comes to an end, // so there are

끝이 없는 숫자가 있다 /   3.14를 따르는.   (사실은 /   더 많은 숫자들이 있다

endless numbers / that follow after 3.14. **10** (In fact, / there are more

/   끝나지 않는 /   숫자보다 /   끝나는.)

numbers / that don't end / than numbers / that do end.)

이 대회에서 /   당신은 외울 필요가 있다 /   가능한 한 많은 수를

11 In this contest, / you need to remember / as many numbers

/   3.14 뒤에 오는.

as possible / that come next after 3.14.

만약 당신이 어휘를 많이 알고 있다면 //   당신은 다음 기념을 좋아할지도 모른다.

12 If you have a large vocabulary, // you might like the next celebration.

이 대회에서 /   당신은 단어를 생각해 내야 한다 / 'pi'를 포함하는.

13 In this contest, / you have to think of words / that have "pi" in them.

예시는 피자, 피클, 파인애플, 파일럿 등을 포함한다.

14 Examples include: pi-zza, pi-ckles, pi-neapple, pi-lot, etc.

'pi'를 강조하는 것을 잊어버리지 마라 //   심지어 그것이 다르게 들릴지라도 /

15 Don't forget to emphasize the "pi" // even when it sounds different /

<u>forget to+동사원형 〈~할 것을 잊다〉</u>

원래 단어와.   그것은 재미있는 방법이다 /   그 날을 즐기는 //

from the original word. **16** It's an entertaining way / to enjoy the day, //

to+동사원형 〈~하는〉

그래서 사람들은 그것을 이해해줄 것이다.

so people will understand it.

당신은 또한 파이데이를 즐길 수 있다 /   수학에 관한 영화와 함께.   파이데이는

17 You can also enjoy Pi Day / with movies about math. **18** Pi Day

기념한다 /   파이뿐만 아니라 수학 전체를.   그래서 우리는

celebrates / not only pi but also the whole of math. **19** So, we can

기념할 수 있다 /   수학의 역할에 대해 생각함으로써 /   우리의 삶에서 /

celebrate / by thinking about the role of math / in our lives / while

<u>by -ing 〈~함으로써〉</u>

수학 영화를 보는 동안.   수학은 어떻게 인류를 도왔는가?

watching math movies. **20** How did math help human beings?

그것은 기회를 창조했는가 //   또는 그것은 오히려 장애물이었는가?

21 Did it create opportunities // or was it rather a barrier?

영화가 끝난 후에 친구와 이야기해 보라.

22 Talk with your friends after the movie.

---

have a large vocabulary
어휘를 많이 알다

include 포함하다

pilot 파일럿, 조종사

etc.(= et cetera) ~ 등, 등등

emphasize 강조하다, 강세를
두다

original 원래의, 본래의

entertaining 재미있는, 즐거움
을 주는

role 역할

human being 인류

create 만들다, 창조하다

opportunity 기회

rather 얼마간, 다소; 오히려

barrier 장벽, 장애물

[선택지 어휘]

origin 기원, 근원

influence 영향, 영향력

해석 한눈에 보기

¹ 사람들은 다양한 방법으로 파이데이를 기념하고 즐긴다. ² 우선 그들은 파이 음식을 먹는다. ³ 이것은 파이데이를 기념하는 가장 인기 있는 방법이다. ⁴ 보통 사람들은 파이가 모양이 둥글기 때문에 여러 가지 종류의 파이를 구워 먹는다. ⁵ 또한, 'pie'는 'pi'와 똑같이 들린다. ⁶ 그들은 또한 파이 모양인 쿠키를 굽는다.

⁷ 또 다른 방법은 파이를 암기하는 것이다. ⁸ 당신은 이 기념 방법을 좋아하지 않을지도 모르지만 사람들은 자신이 얼마나 많이 파이를 외울 수 있는지 보기 위해 종종 대회를 개최한다. ⁹ 파이가 절대 끝이 나지 않아서 3.14를 뒤따르는 끝이 없는 숫자들이 있다. ¹⁰ (사실은 끝나는 숫자들보다 끝나지 않는 숫자들이 더 많다.) ¹¹ 이 대회에서 당신은 3.14 뒤에 오는 숫자를 가능한 한 많이 외울 필요가 있다.

¹² 만약 당신이 어휘를 많이 알고 있다면, 당신은 다음 기념을 좋아할지도 모른다. ¹³ 이 대회에서 당신은 'pi'가 들어가는 단어를 생각해 내야 한다. ¹⁴ 예로 피자, 피클, 파인애플, 파일럿 등이 있다. ¹⁵ 원래 단어와 다르게 들릴지라도 'pi'를 강조하는 것을 잊지 마라. ¹⁶ 그것은 그날을 즐기는 재미있는 방법이라서 사람들은 이해해줄 것이다.

¹⁷ 당신은 또한 수학에 관한 영화로 파이데이를 즐길 수 있다. ¹⁸ 파이데이는 파이뿐만 아니라 수학의 전부를 기념한다. ¹⁹ 그래서 우리는 수학 영화를 보는 동안에 우리의 삶에서 수학의 역할에 관해 생각해봄으로써 기념할 수 있다. ²⁰ 수학이 어떻게 인류를 도왔는가? ²¹ 그것은 기회를 만들었는가 혹은 오히려 장애물이었는가? ²² 영화가 끝난 후에 당신의 친구들과 이야기해 보라.

필수 구문 확인하기

⁸ You might not like this way to celebrate, but people often host contests to see **how much of pi they can remember.**

▶ how much는 '얼마나 많이'의 의미인 의문사로, how much 이하는 see의 목적어로 쓰인 명사절이다.

¹¹ In this contest, you need to remember **as _many numbers_ as possible** [**that** come next after 3.14].

▶ 「as+형용사(+명사)+as possible」는 '가능한 한 ~한 (명사)'라는 의미이다.

▶ that 이하는 선행사 many numbers를 수식하는 주격 관계대명사절이다.

---

02 [과학 | 소화·순환·호흡·배설] 우주 김치

^{본문 p.70~73}

교육부 지정 중학 필수 어휘
1 meaningful 2 stir 3 mention 4 advance 5 Perhaps 6 available 7 maintain 8 ingredients

START READING!
1 ingredients 2 ①

KEEP READING!
1 ③ 2 ④ 3 ② 4 ① 5 ⓐ: bacteria ⓑ: scientists

KEEP READING! 해설

1 지문에 가장 적절한 제목을 고르는 문제이다. 한국 전통 음식인 김치가 우주에서도 이용 가능한 식품으로 개발되었다는 내용이므로 정답은 ③이다.
① 우주의 건강한 식품
② 다양한 종류의 우주 김치
③ 우주 비행사들을 위해 발명된 특별한 김치
④ 우주 김치에 사용되는 재료들
⑤ 우주 비행사들은 왜 김치를 좋아하는가?

2 지문의 내용과 일치하지 않는 것을 고르는 문제이다. 과학자들이 박테리아가 함유되지 않은 우주 김치를 개발하였다(So, scientists ~ any bacteria.)고 했으므로 일치하지 않는 것은 ④이다.

3 주어진 문장은 '최근에 과학자들에 의해 특별한 김치가 개발되었다.'라는 의미이다. 따라서 이 주어진 문장 뒤에는 특별한 김치에 관한 설명이 나올 것이다. ② 뒤에는 우주에서 우주 비행사들이 먹을 수 있는 우주 김치에 관한 소개가 나오므로 주어진 문장은 ②에 들어가는 것이 자연스럽다.

4 빈칸 앞은 김치에는 건강에 좋은 박테리아가 들어 있다는 내용이다. 빈칸이 포함된 문장에서는 김치가 우주 환경에서는 건강에 문제를 일으킬 수도 있다는 내용으로, 두 개의 상반된 내용이 이어지므로 정답은 역접을 나타내는 ①이다.
① 그러나 ② 게다가 ③ 예를 들어 ④ 그러므로 ⑤ 그렇지 않으면

5 김치에 많이 들어가 있는 것은 박테리아이므로 ⓐ는 박테리아(bacteria)이다. 박테리아가 들어있지 않은 김치를 개발하고 특별한 포장 용기를 만든 것은 과학자들이므로 ⓑ는 과학자들(scientists)을 뜻한다.

¹ Kimchi is perhaps / the most famous traditional Korean food. ² It is

usually made / from cabbage and radish / with red pepper powder,

// and it's almost everywhere / in Korean cuisine. ³ There are many

kinds of kimchi, / such as cabbage kimchi, cucumber kimchi, white

kimchi, and so on. ⁴ Recently, / a special kind of kimchi / was

developed / by scientists. ⁵ It is space kimchi, / which is kimchi /

that astronauts can eat in space!

⁶ Kimchi was one of the most difficult foods / to take into space /

because of health concerns. ⁷ It might sound strange // because

kimchi is often mentioned / as a healthy food / with healthy

ingredients. ⁸ In kimchi, / there are tons of bacteria / which are

good for our health. ⁹ However, / while they may be good on Earth, //

they might not be / in space. ¹⁰ When they are exposed / to a

space environment, // they might stir up trouble for astronauts'

health. ¹¹ So, scientists invented space kimchi, / which does not

contain any bacteria. ¹² They also made special packages / for space

kimchi / to maintain its freshness for a long time / in space. ¹³ Thanks

to their efforts and advances in technology, / kimchi is now available

in space / just like here on Earth.

¹⁴ "Most space food has been Western food, // so we thought / it (that)

would be meaningful / to have some Korean food on the menu," /

said one of the scientists.

perhaps 아마, 어쩌면
cabbage 배추
radish 무
red pepper powder 고춧가루
cuisine 요리
recently 최근에
astronaut 우주 비행사
concern 걱정, 관심
mention 간단히 말하다, 언급하다; 언급, 진술
ingredient (특히 요리의) 재료, 성분
tons of 수많은
bacteria 《복수형》 박테리아
expose 노출시키다
environment 환경
stir 휘젓다, 뒤섞다; (감정·분위기를) 유발하다, 불러일으키다
stir up (논쟁·문제 등을) 일으키다, 유발하다
invent 발명하다
contain 담고 있다, 함유하다
package 포장 용기
maintain 지속하다, 유지하다; 보수하다, 정비하다
thanks to ~ 덕분에
effort 노력, 분투
advance 진보, 발전; 진전하다, 진전되다
technology 기술, 과학 기술
available 이용 가능한; (만날) 시간이 있는
meaningful 의미 있는, 뜻있는

[선택지 어휘]
various 다양한

해석 한눈에 보기

¹ 김치는 아마도 한국의 가장 유명한 전통 음식일 것이다. ² 그것은 주로 고춧가루와 함께 배추와 무로 만들어지며, 한국 요리의 거의 어디에든 있다. ³ 배추김치, 오이김치, 백김치 등 많은 종류의 김치가 있다. ⁴ 최근에, 과학자들에 의해 특별한 종류의 김치가 개발되었다. ⁵ 그것은 우주 김치이고, 우주 비행사들이 우주에서 먹을 수 있는 김치이다!

⁶ 김치는 건강에 대한 우려로 인해 우주로 가져가기에 가장 어려운 음식들 중 하나였다. ⁷ 김치는 몸에 좋은 재료들로 만들어진 건강한 음식으로 자주 언급되기 때문에 이는 이상하게 들릴지도 모른다. ⁸ 김치에는 건강에 좋은 수많은 박테리아가 있다. ⁹ 하지만, 그것들이 지구에서는 좋은 반면에 우주 환경에서는 그렇지 않을지도 모른다. ¹⁰ 그것들이 우주 환경에 노출될 때, 우주 비행사들의 건강에 문제를 일으킬 수도 있다. ¹¹ 그래서 과학자들은 우주 김치를 발명했는데, 어떠한 박테리아도 들어있지 않다. ¹² 그들은 또한 우주에서 오랫동안 김치의 신선함을 유지하기 위해 우주 김치를 위한 특별 포장 용기를 만들었다. ¹³ 그들의 노력과 기술의 진보 덕분에, 김치는 현재, 지구에서와 마찬가지로 우주에서도 먹을 수 있다.

¹⁴ "대부분의 우주 음식은 서양 음식이었습니다. 그래서 우리는 몇 가지의 한국 음식을 메뉴에 넣는 것이 의미 있을 것이라고 생각했습니다." 과학자 중 한 명이 말했다.

필수 구문 확인하기

⁵ It is *space kimchi*, **which** is kimchi that astronauts can eat in space!

▶ which는 선행사 space kimchi를 부연 설명하는 주격 관계대명사로, and it으로 바꿔 쓸 수 있다.

⁶ Kimchi was ***one of the most difficult foods*** [**to take** into space] because of health concerns.

▶ 「one of the + 형용사의 최상급 + 복수 명사」는 '가장 ~한 …들 중 하나'의 의미이다.

▶ to take into space는 앞의 one of ~ foods를 수식하는 형용사적 용법의 to부정사구이다.

03 [역사 | 제2차 세계대전] 히틀러는 원래 예술가였다?

본문 p.74~77

교육부 지정 중학 필수 어휘
1 graduate 2 architecture 3 terrible 4 opposed 5 abandon 6 odd 7 architect

START READING!
1 ④ 2 ①

KEEP READING!
1 ② 2 ④ 3 ④ 4 ③ 5 ④, ⑤

KEEP READING! 해설

1 지문에 가장 적절한 주제를 고르는 문제이다. 어렸을 때 화가가 되고 싶어 했지만, 아버지의 반대와 예술 학교 진학 실패로 화가의 꿈을 접은 히틀러에 대한 내용이므로 정답은 ②이다.
   ① 히틀러의 예술적 재능
   ② 화가가 되고 싶었던 남자
   ③ 교육의 중요성
   ④ 유대인들로부터 버려진 히틀러의 그림
   ⑤ 빈에서 온 돈이 필요한 가난한 예술가들

2 지문의 내용과 일치하지 않는 것을 고르는 문제이다. 히틀러는 건축학을 공부하기 위해서는 고등학교 과정을 마쳐야 했기에 건축가가 되는 것을 포기했다(However, he ~ study architecture.)고 했으므로 일치하지 않는 것은 ④이다.

3 빈칸 앞에서는 히틀러가 학교 가는 것을 좋아하지 않아서 그만두었다는 내용이며 빈칸을 포함한 문장에서는 빈에 있는 예술 학교에 가기를 결심했다는 내용이 이어진다. 학교를 가지 않고 대신할 만한 일에 관해 설명하고 있으므로 정답은 ④이다.
   ① 게다가   ② 그러나   ③ 무엇보다도   ④ 대신에   ⑤ 예를 들면

4 주어진 문장은 '그의 그림은 예술적인 화법보다 건축학에 훨씬 더 많은 재능을 보였다.'라는 의미이다. ③ 앞에서 히틀러가 시험에 떨어졌고 이어서 그가 시험에 떨어진 이유가 나오는 것이 자연스럽다. 따라서 주어진 문장이 들어갈 가장 적절한 곳은 ③이다.

5 히틀러의 아버지는 히틀러가 공무원이 되기를 원했으며, 예술 학교 교장 선생님은 히틀러가 건물을 그리는 것을 잘했기 때문에 건축가가 되는 것을 권했다. 히틀러가 건축학을 공부하지 않은 것은 그가 고등학교 과정을 끝마치지 않았기 때문이었다. 따라서 지문을 통해 알 수 없는 것은 ④와 ⑤이다.

① 히틀러의 아버지는 히틀러가 무엇이 되길 바랐는가?
② 교장 선생님은 왜 히틀러에게 건축가가 되는 것을 권했는가?
③ 히틀러는 왜 건축학을 공부하지 않았는가?
④ 히틀러는 자신의 그림들을 팔아 돈을 얼마나 벌었는가?
⑤ 미국은 히틀러의 그림으로 무엇을 했는가?

끊어서 읽기

젊은 아돌프 히틀러는 그림 그리는 것을 좋아했다 / 그리고 예술가가 되길 원했다.
1 Young Adolf Hitler liked drawing / and wanted to be an artist. **2** His
그의 아버지는 이 생각에 반대했다 / 그리고 공무원이 되는 것을 권했다 // 그러나
father opposed this idea / and recommended being an official, // but
그는 거부했다. 히틀러는 근면한 학생이 아니었다, / 또한.
he refused. **3** Hitler wasn't a hard-working student, / either. **4** He
그는 학교에 가는 것을 좋아하지 않았다 // 그래서 그는 고등학교를 그만두었다. 대신에
didn't like to go to school, // so he left high school. **5** Instead, he
그는 공부하기로 결심했다 / 빈에 있는 예술 학교에서. 그는 빈으로 떠났다 /
decided to study / at an art school in Vienna. **6** He left for Vienna /
그리고 시험을 두 번 봤다. 그러나 그는 떨어졌다. 그의 그림들은 건축학에 훨씬 더
and took the exam twice. **7** But he failed. **8** His drawings showed much
많은 재능을 보였다 / 예술적인 화법보다.
more talent for architecture / rather than artistic painting.

예술 학교의 교장 선생님은 그에게 말했다 / 건축가가 되는 것에 주력하라고
9 The principal of the art school told him / to focus on becoming
// 왜냐하면 그는 ~를 잘 했기 때문에 / 건물을 그리는 것을. 그러나
an architect // because he was good at / drawing buildings. **10** However,
그는 포기했다 // 그가 졸업해야 했기 때문에 / 그의 고등학교를 /
he gave up // because he had to graduate / from his high school /
건축을 공부하기 위해서.
to study architecture.
비록 그는 예술 교육을 받지 못했지만 // 그는 여전히 살기를 원했다 /
11 Even though he didn't get an art education, // he still wanted to live /
예술가로서. 그는 돈을 벌었다 / 많은 그림과 엽서를 그림으로써.
as an artist. **12** He earned money / by drawing lots of pictures and
이상했다 // 그의 그림의 구매자들 대부분이 유대인이었다는 것은.
postcards. **13** It was odd // that most of the buyers of his drawings were
Jews.
제2차 세계대전 후에 / 사람들은 히틀러의 그림들을 버렸다 // 그리고 미국은
14 After World War II, / people abandoned Hitler's drawings, // and the U.S.
또한 그중 몇 개의 그림을 가져갔다. 그는 항상 예술가가 되고 싶었다 //
also took away some of them. **15** He always wanted to be an artist, //
그러나 그는 기억된다 / 역사상 가장 끔찍한 사람 중 한 명으로.
but he is remembered / as one of the most terrible people in history.

어휘 확인하기

oppose 반대하다, 이의를 제기하다

recommend 권하다, 충고하다

official 공무원, 관리

refuse 거절하다, 거부하다

hard-working 근면한, 열심히 일하는

either 《부정문에서》 ~도[또한]

instead 대신에

principal 교장 선생님

focus on ~에 주력하다

architect 건축가, 건축 기사

give up 포기하다

graduate 졸업하다, 학위를 받다; 졸업생

architecture 건축, 건축학

education 교육

earn (돈을) 벌다

postcard 엽서

odd 이상한, 뜻밖의; 홀수의; 짝이 맞지 않은

abandon (특히 돌볼 책임이 있는 사람을) 버리다, 유기하다; (물건·장소를) 버리고 떠나다

terrible 끔찍한, 소름 끼치는; 심한, 지독한

해석 한눈에 보기

¹ 젊은 아돌프 히틀러는 그림 그리는 것을 좋아했고 예술가가 되기를 원했다. ² 그의 아버지는 이 생각에 반대하여 공무원이 될 것을 권했지만, 그는 거부했다. ³ 히틀러는 열심히 공부하는 학생도 아니었다. ⁴ 그는 학교에 가는 것을 좋아하지 않아서 고등학교를 떠났다. ⁵ 대신에 그는 빈에 있는 예술 학교에서 공부하기를 원했다. ⁶ 그는 빈으로 떠났고 시험을 두 번 봤다. ⁷ 그러나 그는 합격하지 못 했다. ⁸ 그의 그림은 예술적인 화법보다는 건축학에 훨씬 더 많은 재능을 보였다. ⁹ 예술 학교의 교장 선생님은 그가 건물 그리기를 잘 했기 때문에 그에게 건축가가 되는 것에 주력하라고 말했다. ¹⁰ 그러나 건축을 공부하기 위해서는 고등학교를 졸업해야 했기 때문에 그는 포기했다.

¹¹ 비록 그는 예술 교육을 받지 못했지만, 여전히 예술가로서 살기를 원했다. ¹² 그는 많은 그림과 엽서를 그려서 돈을 벌었다. ¹³ 그의 그림 구매자 대부분이 유대인이었다는 것은 이상했다.

¹⁴ 제2차 세계대전 후에, 사람들은 히틀러의 그림들을 버렸고 미국이 그중 몇 점을 가져갔다. ¹⁵ 그는 항상 예술가가 되길 원했지만, 역사상 가장 끔찍한 인물 중 한 명으로 기억된다.

필수 구문 확인하기

¹³ **It** was odd **that** most of the buyers of his drawings were Jews.
　　가주어　　　　　　　　　　　　　진주어

▶ It은 가주어이고 that 이하가 진주어이다.

04　[사회 | 자연 재해와 인간 생활] 태풍의 이름은 누가 짓나요?　　본문 p.78~81

교육부 지정 중학 필수 어휘
1 total　2 list　3 exception　4 major　5 occur　6 committee　7 removed

START READING!
1 일어나다, 발생하다　2 are unwelcomed guests that cause

KEEP READING!
1 ⑤　2 ②　3 ①　4 ③　5 major

KEEP READING! 해설

1 지문에 가장 적절한 제목을 고르는 문제이다. 예전과 지금의 태풍 이름을 짓는 과정을 설명하는 글이다. 예전에는 번호를 사용했지만 2000년 이후 아시아 국가들이 선정한 이름 목록을 사용하고 있으며, 큰 피해를 준 태풍 이름은 목록에서 제외된다는 내용이므로 정답은 ⑤이다.
　① 태풍은 어디에서 오는가
　② 재미있는 태풍의 이름들
　③ 아시아 국가의 태풍 이름 대회
　④ 태풍 이름 목록에서 제거된 이름들
　⑤ 태풍 이름 짓는 역사와 철수된 이름들

2 지문의 내용과 일치하지 않는 것을 고르는 문제이다. 숫자로 된 태풍 이름이 전문가들에게는 유용했다(This was useful to experts ~ the typhoon occurred.)고 했으므로 ②는 일치하지 않는다.

3 주어진 문장은 '그 숫자는 태풍이 어디에서 왔는지 의미했다.'라는 의미이다. 주어진 문장의 The numbers는 첫 번째 문장의 numbers를 지칭한다. 1950년 이전의 태풍들은 대부분 숫자로 이름 지어졌다고 했으며, 이는 태풍이 어디에서 발생했는지 정확한 위치를 알려주어 전문가들에게 유용하다고 하였으므로 정답은 ①이다.

4 빈칸 앞부분에는 태풍 이름을 목록에 있는 것으로 돌려 사용한다는 내용이 나오고, 뒤에는 큰 피해를 준 태풍의 이름은 목록에서 제외한다는 내용이 나오므로, '그러나(However)'가 적절하다. 따라서 정답은 ③이다.
　① 예를 들어　② 그렇지 않으면　③ 그러나　④ 게다가　⑤ 그러므로

5 (1) 우리 아빠의 (A) 전공은 영어였다. 아빠는 영문학에 대해 많은 공부를 하셨다.
　(2) 공장에서 나오는 연기는 우리 도시에서 (B) 중대한 문제 중 하나이다.

첫 번째 문장 (A)는 '전공'을 의미하며, 두 번째 문장에서 (B)는 '주요한, 중대한'이라는 의미가 적절하므로 정답은 major(주요한, 중대한; (대학의) 전공; 전공하다)이다.

끊어서 읽기

1950년 이전에, / 사람들은 주요한 태풍의 이름을 지어왔다 / 수백 년 동안
¹ Before 1950, / people had named major typhoons / for hundreds

그러나 대부분의 이름은 숫자였다. 그 숫자들은 의미했다
of years, // but most of the names were numbers. ² The numbers

/ 태풍이 어디에서 왔는지를. 이것은 전문가들에게 유용했다
meant / where the typhoons came from. ³ This was useful to experts

// 이것이 그들에게 말해주었기 때문에 / ~의 정확한 위치에 대해 /
// because it told them / about the exact location of / where the

어디에서 태풍이 생겨났는지. 그러나 이해하기에 어려웠다 / 많은 다른 사람들에게.
typhoon occurred. ⁴ But it was hard to understand / for many other

따라서, 태풍에 더 좋은 이름을 주려는 시도가 /
people. ⁵ Therefore, an attempt to give better names to typhoons /

처음 시도되었다 / 미국에서 1950년에.   to+동사원형 〈~하는〉   태풍은 이름 지어졌다
was first tried / in the U.S. in 1950. ⁶ Typhoons were named /

알파벳 순서에 의해. 같은 이름이 다시 사용되었다
according to the order of the alphabet. ⁷ The same names were

/ 철마다. 예를 들어 / 태풍철의 첫 번째 태풍은
used again / each season. ⁸ For example, / the first typhoon of a

/ 항상 'Able'이라고 이름 지어졌다 / 두 번째 것은 'Baker'라고 / 등등.
season / was always named "Able," / the second "Baker," / and so on.

그러나 2000년부터 / 태풍 위원회는 선택해 왔다 / 이름 목록에서
⁹ But since 2000, / the typhoon committee has chosen / from a list
(~부터)

/ 아시아 14개국으로부터의. 각각의 14개국은 /
of names / from 14 Asian countries. ¹⁰ Each of the 14 countries /

10개의 이름 목록을 제출했다 // 그래서 전체 140개의 이름이 목록에 있다.
turned in a list of 10 names, // so a total of 140 names are on the

약 30개의 태풍이 발생하기 때문에 / 1년에 // 4~5년이 걸린다
list. ¹¹ Since about 30 typhoons occur / in a year, // it takes 4 to 5
(~이기 때문에)

/ 모든 이름을 사용하는 데 / 목록에 있는. 모든 이름이 사용될 때
years / to use all the names / on the list. ¹² When all the names

// 그 목록은 첫 번째 이름부터 다시 시작한다.
are used, // the list starts over from the first name.

그런데 / 이것에는 예외가 있다. 만약 태풍이 많은 피해를 초래하면
¹³ However, / there's an exception to this. ¹⁴ If a typhoon causes a

그것의 이름은 목록에서 제거된다. 예를 들어
lot of damage, // its name is removed from the list. ¹⁵ For example,

/ '매미'는 목록에서 제외되었다 // 그것이 심각한 피해를 야기했기 때문에.
/ "Maemi" was taken off the list // because it caused serious damage.

대신에 / '무지개'가 목록에 추가되었다.
¹⁶ Instead, / "Mujigae" was added to the list.

어휘 확인하기

major 주요한, 중대한; (대학의) 전공; 전공하다

typhoon 태풍

mean ~을 의미하다

useful 유용한

expert 전문가

exact 정확한

location 위치

occur 일어나다, 발생하다

attempt 시도

according to ~에 따르면

order 순서, 차례

season (1년 중에서 특정한 활동이 행해지는) 철

committee 위원회

list 목록, 명단

turn in ~을 제출하다

total 총, 전체의; 합계, 총수

start over 다시 시작하다

exception 예외

damage 손상, 피해

remove 없애다, 제거하다

take off 제거하다

serious 심각한

instead 대신에

[선택지 어휘]

retired 철수된

English literature 영문학

¹ 1950년 이전에 사람들은 수백 년 동안 주요한 태풍의 이름을 지어왔었지만, 대부분의 이름은 숫자였다. ² 숫자는 태풍이 어디에서 왔는지 의미했다. ³ 이것은 태풍이 어디서 생겨났는지 정확한 위치에 대해 말해주었기 때문에 전문가들에게는 유용했다. ⁴ 그러나 많은 다른 사람들은 이해하기 어려웠다. ⁵ 그래서 태풍에 더 좋은 이름을 붙이려는 시도가 1950년, 미국에서 처음 시도되었다. ⁶ 태풍은 알파벳 순서에 따라 이름이 지어졌다. ⁷ 같은 이름이 철마다 다시 사용되었다. ⁸ 예를 들어, 태풍철의 첫 번째 태풍은 항상 'Able', 두 번째 것은 'Baker' 등이었다.

⁹ 그러나 2000년부터 태풍 위원회는 아시아 14개국의 이름 목록에서부터 이름을 선택해 왔다. ¹⁰ 각 14개국은 열 개의 이름 목록을 제출했고, 그래서 전체 140개의 이름이 목록에 있다. ¹¹ 1년에 약 30개의 태풍이 발생하기 때문에, 목록에 있는 모든 이름을 사용하는 데에는 4~5년이 걸린다. ¹² 모든 이름이 사용될 때, 그 목록은 첫 번째 이름부터 다시 시작된다.

¹³ 그런데, 이것에는 예외가 있다. ¹⁴ 만약 태풍이 많은 피해를 초래하면, 그 이름은 목록에서 제거된다. ¹⁵ 예를 들어 '매미'는 심각한 피해를 가져왔기 때문에 목록에서 제외되었다. ¹⁶ 대신에, '무지개'가 목록에 추가되었다.

필수 구문 확인하기

¹ Before 1950, people had named major typhoons for hundreds of years, but most of the names were numbers.

▶ had named는 계속을 나타내는 과거완료이다. 1950년 이전의 과거 수백 년 동안 이름을 지어왔었다는 뜻이다.

▶ 「most of ~」는 '~의 대부분'이라는 뜻으로, 주어로 쓰일 경우 동사는 of 뒤에 오는 명사에 수일치시킨다.

² The numbers meant where the typhoons came from.

▶ where 이하는 「의문사+주어+동사」의 어순으로 된 간접의문문으로, meant의 목적어 역할을 한다.

Chapter 05

01 [과학 | 생식과 발생] 니모 아빠의 비밀

교육부 지정 중학 필수 어휘
1 preserve 2 shelter 3 mate 4 male 5 wandered 6 community 7 Therefore

START READING!
1 ② 2 forgot to tell us

KEEP READING!
1 ③ 2 ⑤ 3 말미잘이 클라운피시를 보호해주기 때문에 4 ④ 5 young males

KEEP READING! 해설

1 클라운피시 군집에서 암컷 클라운피시가 죽었을 경우, 그 자리를 대신하기 위하여 수컷 클라운피시가 성별을 바꿀 수 있는 내용이므로 글의 주제는 ③이다.

2 클라운피시 군집 속에는 한 마리의 암컷과 다 자란 수컷 한 마리가 있다(In clownfish communities, there ~ one adult male.)고 했으므로 정답은 ⑤이다.
   ① 클라운피시는 수컷과 암컷 부위를 둘 다 간직한다.
   ② 바다에서 돌아다니는 것은 클라운피시에게 위험하다.
   ③ 클라운피시는 자신들만의 군집 속에서 생활한다.
   ④ 어린 수컷 클라운피시는 군집 속에서 가장 작다.
   ⑤ 클라운피시 군집에는 암컷이 두 마리 있다.

3 두 번째 단락에서 말미잘이 클라운피시를 보호하기 때문에 클라운피시가 말미잘과 함께 산다(Therefore, they usually ~ shelter the clownfish.)고 했으므로 정답은 '말미잘이 클라운피시를 보호해주기 때문에'이다.

4 빈칸 앞에서는 클라운피시는 그들의 군집을 거의 떠나지 않는다는 내용이 나오고 이어서 위험한 곳으로 가는 것을 피하기 위해 그들의 성별을 바꾼다는 내용이 이어진다. 군집을 떠나지 않는 대신 클라운피시가 하는 일에 관해 설명하고 있으므로 정답은 ④이다.
   ① 예를 들어   ② 그러나   ③ 게다가   ④ 대신에   ⑤ 사실은

5 밑줄 친 They 앞에서는 암컷 클라운피시가 죽으면 어린 수컷들이 암컷의 역할을 하기 위해서 암컷으로 변한다는 내용이다. 뒤에서는 어린 수컷들이 암컷으로 변할 수 있기 때문에 짝을 찾으러 이동할 필요가 없다는 내용이 이어지므로 정답은 young males이다.

끊어서 읽기

클라운피시는 거의 마술 같은 능력이 있다.   그것들은 그들의 성을 바꿀 수 있다!
¹ Clownfish have an almost magical ability. ² They can change their

모든 클라운피시는 수컷으로 태어난다.
gender! ³ Every clownfish is born as a male. ⁴ However, they preserve

그러나 그것들은 암컷과 수컷 부위 둘 다 간직한다 /   그들의 몸에.
both female and male parts / in their bodies. ⁵So, when do they

그러면 그것들은 언제 그것들의 성을 선택하는가?
choose their gender?

클라운피시의 성 변화를 이해하기 위해   /   우리는 더 알 필요가 있다 /
⁶ To understand gender change in clownfish, / we have to learn more /
to+동사원형 〈~하기 위해〉

어휘 확인하기

magical 마술 같은
ability 능력
gender 성(性), 성별
male 남성의, 수컷의; 남성, 수컷
preserve 보호하다, 지키다; 유지하다, 간직하다
female 암컷의; 암컷
part 부분
choose 선택하다
wander 돌아다니다, 헤매다
therefore 그러므로

클라운피시의 삶에 대해서. 7 많은 큰 물고기들이 클라운피시를 먹는다 // 그래서 매우

about clownfish's lives. ⁷ Many large fish eat clownfish, // so it's very

위험하다 / 바다에서 돌아다니는 것은. 그러므로 / 그것들은 보통

dangerous / to wander in the sea. ⁸ Therefore, / they usually live in
　　　　　to+동사원형 (~하는 것은)

군집 속에서 산다 / 말미잘과 함께 / 말미잘이 클라운피시를 보호하기 때문에.

communities / with sea anemones / because the sea anemones shelter

그것들은 자신들의 군집을 거의 떠나지 않는다. 대신 /

the clownfish. ⁹ They rarely leave their community. ¹⁰ Instead, / they

그것들은 자신들의 성을 바꾼다 / 위험한 지역에 가는 것을 피하기 위해.

change their gender / to avoid going to dangerous areas.
　　　　　　　　to+동사원형 (~하기 위해)

클라운피시 군집 안에서 / 한 마리의 암컷과 한 마리의 다 자란 수컷이 있다.

¹¹ In clownfish communities, / there is one female and one adult male.

암컷은 제일 크다 // 다 자란 수컷이 두 번째로 크다 // 그리고

¹² The female is the largest, // the adult male is second largest, // and

어린 수컷들은 가장 작다. 암컷이 죽으면 // 어린 수컷들은

the young males are smallest. ¹³ When a female dies, // young males

암컷으로 변할 수 있다 / 그것의 역할을 하기 위해서. 그것들은 이동할 필요가 없다 /

can turn into females / to take its place. ¹⁴ They don't have to travel /
　　　　　　　　　　to+동사원형 (~하기 위해)

위험한 물속에서 / 짝을 찾기 위해. 그것들은 간단히 자신들의 역할을 바꾼다 //

in dangerous waters / to find a mate. ¹⁵ They simply change their role, //
　　　　　　　　　　to+동사원형 (~하기 위해)

그리고 그 군집은 계속된다.

and the community continues.

---

community 공동체, 지역 사회; (동물의) 군집

shelter 피난처, 은신처; (비·바람·위험 등으로부터) 막아 주다, 보호하다

rarely 드물게, 좀처럼 ~하지 않는

instead 대신에

avoid 막다, 피하다

area 지역

adult 다 자란

place 역할

water 《복수형》 (특정한 호수, 바다 등의) 물

mate (한 쌍을 이루는 동물 등의) 짝

simply 간단히

role 역할

continue 계속되다

해석 한눈에 보기

¹ 클라운피시는 거의 마술 같은 능력이 있다. ² 그들은 자신의 성을 바꿀 수 있다! ³ 모든 클라운피시는 수컷으로 태어난다. ⁴ 그러나 그들은 자신의 몸에 암컷과 수컷 부위 둘 다를 지닌다. ⁵ 그러면 언제 그들은 자신의 성을 선택하는가?

⁶ 클라운피시의 성별 변화를 이해하기 위해 우리는 클라운피시의 삶에 대해 더 알 필요가 있다. ⁷ 많은 큰 물고기들이 클라운피시를 잡아먹으므로 바다에서 돌아다니는 것은 매우 위험하다. ⁸ 그러므로 그들은 말미잘이 클라운피시를 보호하기 때문에 보통 말미잘과 함께 군집(무리) 속에서 산다. ⁹ 그들은 거의 자신의 군집을(무리를) 떠나지 않는다. ¹⁰ 대신 그들은 위험한 지역에 가는 것을 피하기 위해서 자신의 성을 바꾼다.

¹¹ 클라운피시 군집(무리)에서는 한 마리의 암컷과 한 마리의 다 자란 수컷이 있다. ¹² 암컷이 가장 크고, 다 자란 수컷이 두 번째로 크고, 어린 수컷들은 가장 작다. ¹³ 암컷이 죽으면 어린 수컷들은 그 역할을 하기 위해 암컷으로 변할 수 있다. ¹⁴ 그들은 짝을 찾기 위해서 위험한 물속에서 이동할 필요가 없다. ¹⁵ 그들은 간단히 자신의 역할을 바꾸고 군집은(무리는) 계속 존재한다.

필수 구문 확인하기

⁷ Many large fish eat clownfish, so **it**'s very dangerous **to wander** in the sea.
　　　　　　　　　　　　　　　　가주어　　　　　　　　진주어

▶ it은 가주어이고 to wander 이하가 진주어이다.

¹² The female is **the largest**, the adult male is **second largest**, and the young males are **(the) smallest**.

▶ 「the+형용사의 최상급」은 '가장 ~한'의 의미이고 「second+형용사의 최상급」은 '두 번째로 가장 ~한'의 의미이다. 동사 뒤에 서술적 용법(~하다)으로 쓰인 최상급 앞의 the는 생략 가능하다.

02 [국어 | 세상을 보는 관점과 논리] 낙관론자

교육부 지정 중학 필수 어휘
1 depressed 2 personality 3 depends 4 delightful 5 observed 6 tossing 7 recommended

START READING!
1 ② 2 Even though they were born

KEEP READING!
1 ④ 2 ⑤ 3 ④ 4 depressed

KEEP READING! 해설

1 지문에 가장 적절한 제목을 고르는 문제이다. 더 나은 상황에서도 불평만 하는 남자아이와 좋지 않은 상황에서도 긍정적으로 생각하는 남자아이에 대한 이야기로 긍정적으로 살아가면 행복할 수 있다는 내용이다. 따라서 정답은 ④이다.
   ① 긍정적일 때 받는 특별한 선물
   ② 불평하는 것은 더 좋은 선물을 준다
   ③ 쌍둥이는 왜 다른 성격을 가지고 있는가
   ④ 긍정적인 것은 행복을 가져 온다
   ⑤ 긍정적인 남자아이는 최악의 선물에 어떻게 반응했는가

2 부모님이 부정적인 남자아이의 방에 갔을 때, 그들은 그가 큰 소리로 불평하는 것을 들을 수 있었다(When they went ~ him complaining loudly, ~)고 했으므로 정답은 ⑤이다.

3 빈칸에 가장 적절한 말을 고르는 문제이다. 부정적인 성격의 아이는 최고의 좋은 선물을 받아도 계속 불평을 하였고, 긍정적인 성격의 아이는 쓰레기를 받더라도 더 좋은 선물을 기대한다는 내용이다. 빈칸 앞 문장에서는 성격이 다른 쌍둥이의 이야기를 통해 우리는 교훈을 얻을 수 있다는 내용이 나오고 빈칸을 포함한 문장에서는 행복은 무엇에 따라 달려있다는 내용이므로 정답은 ④이다.
   ① 선물로 무엇을 받는지
   ② 선물을 향한 당신의 태도
   ③ 당신이 처한 환경
   ④ 당신의 관점
   ⑤ 부모님이 어떻게 당신을 대하는지

4 '매우 불행하거나 슬픈'이라는 의미이므로 정답은 depressed(우울한, 암울한)이다.

끊어서 읽기

모든 사람들이 말했다 // 그 쌍둥이는 매우 다른 성격을 가졌다고.
1 Everyone said // that the twins had very different personalities.
   (~인 것을)

한 명은 항상 행복하고 긍정적이었다 // 그리고 다른 하나는 항상
2 One was always delightful and positive, // and the other was always

우울하고 부정적이었다. 그들의 부모는 알고 싶었다 //
depressed and negative. 3 Their parents wanted to know // how

그들이 얼마나 다른지. 그래서 그들은 아이들을 데려갔다 / 한 의사에게.
different they were. 4 So they took their children / to a doctor.

의사는 한 가지 계획을 생각해 냈다 / 쌍둥이의 성격을 비교하기 위해.
5 The doctor came up with a plan / to compare the twins'
   to+동사원형 (~하기 위해)

그는 부모에게 말했다 / 쌍둥이를 두라고 / 따로 떨어진 방에
personalities. 6 He told the parents / to put the twins / in separate

어휘 확인하기

personality 성격, 인격; 개성
delightful 기쁜, 즐거운; 매혹적인
positive 긍정적인
depressed 우울한, 암울한
negative 부정적인, 비관적인
come up with ~을 생각해 내다
compare 비교하다
separate 분리된, 따로 떨어진
recommend 추천하다; 권하다, 권장하다
garbage 쓰레기

rooms / on their next birthday. 7 There they would open their gifts

alone. 8 He also recommended // the parents should give the negative

boy / the best things they could / and give the positive boy / a box of

garbage. 9 The parents followed his advice / and carefully observed

their children.

10 When they went to the negative boy's room, // they could hear /

him complaining loudly, // "I don't like / the color of this sweater,

I'm confident that // this computer will break soon, / my friend got a

bigger toy car / than this," / and on and on. 11 Then the parents

went / to the positive boy's room. 12 He was tossing the garbage /

into the air / with joy. 13 He was laughing and said, // "The next gift

must be better than this!"

14 We can learn a lesson / from this story. 15 It tells us // that

happiness really depends on a person's point of view. 16 By changing

yours, / you can become much happier!

observe 보다, 목격하다; 관찰
하다, 주시하다

complain 불평하다

confident 확신하는

break 고장 나다

on and on 쉬지 않고, 계속해서

toss 던지다, 내던지다

learn a lesson from
~로부터 교훈을 얻다, ~에게서
한 수 배우다

depend 의존하다, 의지하다;
~에 달려있다, 좌우되다

point of view 관점

해석 한눈에 보기

1 모두가 그 쌍둥이는 매우 다른 성격을 가졌다고 말했다. 2 한 명은 항상 행복하고 긍정적이었고, 다른 한 명은 항상 우울하고 부정적이었다. 3 그들의 부모는 그들이 얼마나 다른지 알고 싶었다. 4 그래서 그들은 아이들을 한 의사에게 데려갔다.

5 의사는 쌍둥이의 성격을 비교하기 위해 한 가지 계획을 생각해 냈다. 6 그는 부모에게 쌍둥이를 다음 생일에 따로 분리된 방에 두라고 말했다. 7 거기에서 그들은 혼자서 선물을 열어볼 것이다. 8 그는 또한 부모에게 부정적인 남자아이에게는 그들이 줄 수 있는 가장 좋은 선물을 주고, 긍정적인 남자아이에게는 쓰레기 한 상자를 주라고 권했다. 9 부모는 그의 충고를 따랐고, 주의 깊게 아이들을 지켜봤다.

10 그들이 부정적인 남자아이의 방으로 갔을 때, 그가 큰 소리로 불평하는 것을 들을 수 있었다. "나는 이 스웨터 색이 싫어, 이 컴퓨터가 곧 고장 날 것이라고 확신해, 내 친구는 이것보다 더 큰 장난감 자동차를 받았어." 그리고 계속했다. 11 그리고 나서 부모는 긍정적인 남자아이의 방으로 갔다. 12 그는 즐겁게 쓰레기를 공중으로 던지고 있었다. 13 그는 웃으며 "다음 선물은 분명히 이것보다 더 좋을 거야!"라고 말했다.

14 우리는 이 이야기에서 한 가지 교훈을 배울 수 있다. 15 그것은 행복이 정말로 개인의 관점에 달려 있다는 것을 말해준다. 16 당신의 것(당신의 관점)을 바꿈으로써, 당신은 훨씬 더 행복해질 수 있다!

³ Their parents wanted to know **how different they were.**

▶ how different they were는 know의 목적어 역할을 하는 명사절로, 「의문사+주어+동사」의 어순의 간접의문문이다.

¹⁰ When they went to the negative boy's room, they could **hear him complaining** loudly, ~.

▶ 「hear+목적어+-ing[동사원형]」는 '~가 …하는 것을 듣다'라는 뜻이다.

03 [사회 | 환경 문제와 지속 가능한 환경] 쓰레기와 분리수거 본문 p.92~95

교육부 지정 중학 필수 어휘
1 ashes 2 spot 3 hired 4 laws 5 cultivate 6 bit 7 bothers 8 demanded

START READING!
1 One person uses about 135 2 (1) F (2) T (3) T

KEEP READING!
1 ④ 2 ③ 3 발을 깨끗하게 유지하기 위해 4 ash 5 ③

KEEP READING! 해설

1 지문에 가장 적절한 주제를 고르는 문제이다. 시대와 지역별로 사람들이 어떻게 쓰레기를 처리했는지를 설명하는 글이므로 정답은 ④
   이다.
   ① 도시를 깨끗하게 유지하기 위한 노력
   ② 쓰레기 수거의 역사
   ③ 사람들이 왜 쓰레기를 밖에 버리는가
   ④ 과거에 사람들이 쓰레기를 처리했던 다양한 방법들
   ⑤ 영국에서 쓰레기를 버리면 받게 되는 강한 벌

2 아테네 정부는 도시에 쓰레기 매립지가 있는 것을 원하지 않았고, 정부는 사람들이 쓰레기를 가져가서 도시의 벽 밖 2킬로미터 떨어진
   곳에 버릴 것을 요구했다(So, they made ~ the city walls.)는 내용이므로 정답은 ③이다.
   ① 쓰레기는 사람들이 도시에서 살기 시작할 때까지 문제가 되지 않았다.
   ② 고대 중국 사람들은 자신의 정원에 오래된 음식을 사용했다.
   ③ 아테네에는 쓰레기를 버릴 수 있는 커다란 쓰레기 매립지가 있었다.
   ④ 영국의 거리들은 매우 더러웠고 쓰레기로 채워졌다.
   ⑤ 1354년에는 영국의 특별한 노동자들이 쓰레기를 수거하기 시작했다.

3 영국에서 사람들이 길을 걸을 때 높은 신발을 신었던 이유를 묻는 문제이다. 예전에 영국은 사람들이 집 밖으로 쓰레기를 버려서 길에서
   지독한 냄새가 나고 더러웠기 때문에 어떤 사람들은 자신의 발을 깨끗하게 유지하기 위해 높은 신발을 신었다(Because the streets ~
   their feet clean.)고 했다. 따라서 정답은 '발을 깨끗하게 유지하기 위해'이다.

4 '무언가 탈 때 만들어지는 검은색 혹은 회색 가루'라는 의미이므로 정답은 ash(재)이다.

5 제안, 명령, 요구 등을 나타낼 때 동사 demand 뒤에는 「that+주어+(should)+동사원형」의 형태로 쓰이며 주어 뒤에 오는 should는 생
   략 가능하다. 따라서 정답은 ③이다.
   그것은 사람들이 쓰레기를 가져가 도시 성벽 2킬로미터 밖으로 버리는 것을 요구했다.

오래전에 / 사람들은 작은 무리로 살았다 / 그리고 야생동물을 찾았다
¹ A long time ago, / people lived in small groups / and looked for

그들이 먹을 수 있는. 그때는 / 쓰레기가 많지 않았다.
wild animals / they could eat. ² At that time, / there was not much

남겨지는 유일한 것은 / 불에서 나온 재였다 / 그리고 약간의
garbage. ³ The only thing left / was ash from their fires / and bits

오래된 음식. 기원전 2000년, 중국에서는 / 사람들은 오래된 채소와 과일을 두었다
of old food. ⁴ In 2000 B.C. in China, / people put old vegetables

/ 한 곳에. 몇 달 후 / 그것은 퇴비로 변했다
and fruit / in one spot. ⁵ After a few months, / it changed into

/ 그리고 그것은 그들의 밭에서 사용되었다 / 식량을 재배하기 위해.
compost, / which was used in their gardens / to cultivate food.
to+동사원형 〈~하기 위해〉

쓰레기 문제는 시작되었다 // 사람들이 살기 시작했을 때
⁶ The garbage problems started // when people started to live /
to+동사원형 〈~하는 것을〉

도시에서. 기원전 500년에 / 아테네 정부는 / 쓰레기 매립지를
in towns. ⁷ In 500 B.C., / the government of Athens / didn't want a

원하지 않았다 도시에. 그래서 그들은 법을 만들었다. 그것은 요구했다
landfill site / in the city. ⁸ So, they made a law. ⁹ It demanded that /

사람들이 쓰레기를 가져가는 것을 / 그리고 그것을 버리는 것을 /
people should take their garbage / and throw it away / two kilometers

도시의 성벽 2킬로미터 밖으로.
outside the city walls.

영국에서는 / 사람들은 그들의 쓰레기를 버리곤 했다 / 그들의 집 밖에.
¹⁰ In England, / people used to throw their garbage / out of their

그것은 매우 어려웠다 / 사람들에게 / 길을 걸어 다니는 것은
houses. ¹¹ It was very difficult / for people / to walk along the streets.

길에서는 나쁜 냄새가 났기 때문에 / 그리고 매우 더러웠다 //
¹² Because the streets smelled bad / and were very dirty, // some

어떤 사람들은 높은 신발을 신었다 / 그들의 발을 깨끗하게 유지하기 위해.
people wore high shoes / to keep their feet clean. ¹³ In 1297, the
to+동사원형 〈~하기 위해〉

1297년에 정부는 말했다 // 쓰레기를 집 앞에 놓는 사람들은
government said // that people who put waste in front of their
〈~인 것을〉

처벌받을 것이라고 // 그러나 아무도 신경 쓰지 않았다.
houses / would be punished, // but no one bothered to listen.

어떤 사람들은 쓰레기의 일부를 태우기 시작했다 / 그들의 집에서 //
¹⁴ Some people started to burn some / in their houses, // but they
to+동사원형 〈~하는 것을〉

그러나 그들은 계속해서 나머지를 밖에 버렸다. 1354년에 / 영국 정부는 특별한 노동자들을 고용했다
kept dumping the rest outside. ¹⁵ In 1354, / the English government

/ 쓰레기를 가져가기 위해 / 그리고 사람들을
hired special workers / to take the garbage away / and began
to+동사원형 〈~하기 위해〉

처벌하기 시작했다 / 벌금으로. 이것이 첫 번째 쓰레기 수거였다.
to punish people / with fines. ¹⁶ This was the first garbage collection.
to+동사원형 〈~하는 것을〉

ash 재; (화장한) 유골

bit 조금, 약간

a bit of 약간의

spot 곳, 자리; 발견하다, 찾다

cultivate 재배하다

government 정부, 정권

landfill 쓰레기 매립지

site 용지, 부지

law 법

demand 요구, 수요; 요구하다,
필요로 하다

waste 쓰레기

punish 벌하다, 처벌하다

bother 신경 쓰다, 애를 쓰다;
성가심, 성가신 일

dump 버리다

rest 나머지, 잔여물

hire 고용하다

fine 벌금

collection 수거

[선택지 어휘]

effort 수고

punishment 벌, 처벌

¹ 오래전에, 사람들은 작은 무리로 살았고 그들이 먹을 수 있는 야생동물을 찾았다. ² 그때는 쓰레기가 많지 않았다. ³ 남겨진 유일한 것은 타고 남은 재와 약간의 오래된 음식뿐이었다. ⁴ 기원전 2000년 중국에서는, 사람들은 오래된 채소와 과일을 한 곳에 두었다. ⁵ 몇 달 후에 그것은 퇴비로 변했고, 식량을 재배하기 위해 밭에서 사용되었다.

⁶ 쓰레기 문제는 사람들이 도시에 살기 시작했을 때 시작되었다. ⁷ 기원전 500년에 아테네 정부는 도시 내에 매립지를 원하지 않았다. ⁸ 그래서 그들은 법을 만들었다. ⁹ 그것은 사람들이 자신들의 쓰레기를 가져가서 도시의 성벽 밖 2킬로미터 떨어진 곳에 버릴 것을 요구했다.

¹⁰ 영국에서는 사람들이 쓰레기를 자기 집 밖에 버리곤 했다. ¹¹ 그것은 거리를 걸어 다니는 것을 매우 어렵게 만들었다. ¹² 거리는 나쁜 냄새가 났고 매우 더러웠기 때문에 어떤 사람들은 발을 깨끗하게 유지하기 위해 (굽이) 높은 신발을 신었다. ¹³ 1297년 정부는 쓰레기를 자기 집 앞에 놓는 사람들을 처벌하겠다고 했지만, 아무도 들으려 하지 않았다. ¹⁴ 어떤 사람들은 쓰레기 일부를 집에서 태우기 시작했지만 나머지를 계속해서 밖에 버렸다. ¹⁵ 1354년에 영국 정부는 쓰레기를 수거하기 위해 특별한 사람들을 고용했고, 벌금으로 사람들을 처벌하기 시작했다. ¹⁶ 이것이 첫 번째 쓰레기 수거였다.

필수 구문 확인하기

⁵ After a few months, it changed into compost, **which** was used in their gardens to cultivate food.

▶ which 이하가 compost를 구체적으로 설명하고 있다. which는 '그리고 그것은'으로 해석하고 and it으로 바꿔 쓸 수 있다.

¹⁰ In England, people **used to throw** their garbage out of their houses.

▶ 「used to+동사원형」은 '~하곤 했다, ~이었다'의 의미로, 과거의 습관이나 상태를 나타내고, 현재는 더 이상 그렇지 않다는 의미를 담고 있다.

---

04 [역사 | 조선 후기의 정치 변화] 박지원의 양반전

본문 p.96~99

교육부 지정 중학 필수 어휘

1 prison 2 sum 3 begged 4 moral 5 officer 6 advantages 7 grain 8 Status 9 debt

START READING!

1 ② 2 (1) F (2) T (3) F

KEEP READING!

1 ④ 2 ④ 3 ④ 4 (1) ③ (2) ⑤ (3) ② (4) ①

KEEP READING! 해설

1 지문에 적절한 제목을 고르는 문제이다. 양반으로서의 삶이 더 행복할 줄 알았던 낮은 계급의 부자가 양반이 되어보니 상상했던 것과 달라서 후회했다는 내용이므로 정답은 ④이다.
   ① 그 아버지에 그 아들 (부전자전)
   ② 처음 시작이 늘 어려운 법이다
   ③ 눈에서 멀어지면, 마음에서도 멀어진다
   ④ 다른 쪽 잔디가 항상 더 푸르게 보인다 (남의 떡이 커 보인다)
   ⑤ 무소식이 희소식

2 양반으로서 지켜야 할 규칙이 아닌 것을 고르는 문제이다. 관리는 그가 더 낮은 계급의 다른 사람들에게서 빼앗아서 자신을 힘 있게 만들 수 있다고 그에게 말했다(So, he told ~ make himself powerful.)고 했으므로 정답은 ④이다.

3 부자에게 신분이 낮은 계급의 사람들로부터 빼앗고 자신을 권력 있는 사람으로 만들 수 있다고 말한 것은 관리이므로 @는 관리 (officer)를 가리키고 나머지는 모두 부자를 가리키므로 정답은 ④이다.

4 양반은 빚이 많아서 감옥에 갔다고 했으므로 (1)에는 debt이 적절하며, 낮은 계급의 한 부자가 그의 빚을 갚아주고 보답으로 그 신분을 샀다고 했으므로 (2)는 status가 알맞다. 그 부자가 양반이 되고 난 후에도 양반 규칙들이 많아서 실망했다는 내용이 나오므로 (3)은 rules가 적절하며, 양반으로서 할 수 있는 일은 낮은 계급의 사람들로부터 빼앗는 것임을 알게 된 부자는 양반은 도둑과 다르지 않다고 생각했다고 했으므로 (4)는 a thief가 알맞다.

그 가난한 양반은 많은 (1) 빚을 가지고 있었다. 그래서 그는 감옥에 갔다. 낮은 계급의 한 부자가 그의 빚을 갚아주고 보답으로 (2) 신분을 얻었다. 그러나 그 부자는 기쁘지 않았다. 양반이 되는데 (3) 규칙이 많았다. 양반이 유일하게 할 수 있는 것은 낮은 신분의 사람들로부터 빼앗는 것이었다. 그는 양반은 (4) 도둑과 다르지 않다고 생각했다.

① 도둑 ② 규칙들 ③ 빚 ④ 곡물 ⑤ 신분

끊어서 읽기

옛날에 / 한 남자가 있었다 / 양반층의.
¹ Once upon a time, / there was a man / from a noble class. ² He

그는 매우 똑똑했고 도덕적이었다 / 그리고 많은 책을 읽었다. / 그런데
was very intelligent and moral, / and read a lot of books. ³ However,

이 남자는 또한 매우 가난했다 // 그래서 그는 자주 곡물을 빌렸다 /
this man was also very poor, // so he often borrowed grain / from

관청으로부터. / 몇 년 후 / 그의 빚의 총액은 막대해졌다
the government office. ⁴ In several years, / the sum of his debts was

// 그리고 그는 감옥에 갔다. 양반은 몰랐다
enormous, // and he was thrown in prison. ⁵ The nobleman didn't

/ 뭘 해야 할지. 그때, 더 낮은 계급의 한 부자가 /
know / what to do. ⁶ Then, a rich man from a lower class / offered

그의 지위를 그로부터 사는 것을 제안했다. 그는 동의했다 / 그리고 그 부자는 빚을 갚았다.
to buy his status from him. ⁷ He agreed, / and the rich man paid his debt.

부자는 이제 양반이 되었기 때문에 // 그는 배워야 했다 /
⁸ Since the rich man was now a nobleman, // he had to learn /

양반처럼 행동하는 법을. 그래서, 그는 정부의 관리에게 갔다 /
how to act like a nobleman. ⁹ So, he went to a government officer /

규칙을 배우기 위해서. 그런데 너무 많았다! 그는 일찍
to learn the rules. ¹⁰ But there were so many! ¹¹ He had to
to+동사원형 〈~하기 위해〉

일어나야 했다 / 천천히 걷고 / 그리고 많은 책을 읽어야 했다. 그는 돈을
wake up early, / walk slowly, / and read many books. ¹² He couldn't

만질 수 없었다 / 또는 심지어 양말을 벗을 수도 / 더운 날에!
touch money / or even take off his socks / on hot days! ¹³ These

이것들은 새로운 양반을 매우 실망시켰다! 그는 관리에게
things disappointed the new nobleman very much! ¹⁴ He begged the

애원했다 / 그에게 양반의 삶의 좋은 점을 말해 달라고. 그래서, 그는 그에게 말했다
officer / to tell him some advantages of nobleman life. ¹⁵ So, he told

// 그는 물건을 빼앗을 수 있다고 낮은 계급의 다른 사람에게서 / 그리고
him // that he can take things / from others of lower classes / and
(~인 것을)

자신을 힘 있게 만들 수 있다고. 그것을 들은 후에 / 새 양반은 말했다
make himself powerful. ¹⁶ After hearing that, / the new nobleman

// 다른 점이 없다고 양반과 도둑 사이에.
said // there's no difference / between a nobleman and a thief.

그는 양반의 삶을 포기했다 / 그리고 도망쳤다.
¹⁷ He gave up the nobleman life / and ran away.

어휘 확인하기

noble 귀족, 양반

class 계급, 계층

intelligent 총명한, 똑똑한

moral 도덕적인; 도덕률, 교훈

grain 곡물; 낱알

sum 총액, 합계; 합계하다; 요약하다

debt 빚, 부채

enormous 막대한, 엄청난

prison 교도소, 감옥

offer 제안하다

status 신분, 지위; 상태, 사정

officer 관리, 공무원

disappoint 실망시키다

beg 간청하다, 애걸하다

advantage 장점, 이점

thief 도둑

give up 포기하다

[선택지 어휘]

sight 시야

¹ 옛날에 양반 출신의 한 남자가 있었다. ² 그는 매우 똑똑하고 도덕적이었고, 많은 책을 읽었다. ³ 그런데 이 남자는 또한 매우 가난해서 자주 관청에서 곡물을 빌렸다. ⁴ 몇 년 후, 빚은 막대해졌고, 그는 감옥에 갇혔다. ⁵ 양반은 뭘 해야 할지 몰랐다. ⁶ 그때, 더 낮은 계급의 한 부자가 그의 지위를 사겠다고 제안했다. ⁷ 그는 동의했고 부자는 그의 빚을 갚아주었다.

⁸ 그 부자는 이제 양반이었기 때문에 양반처럼 행동하는 법을 배워야 했다. ⁹ 그래서 그는 정부 관리에게 규칙을 배우기 위해 찾아갔다. ¹⁰ 그런데 너무 많았다! ¹¹ 그는 일찍 일어나고, 천천히 걷고, 많은 책을 읽어야 했다. ¹² 그는 돈을 만지거나, 더운 날 양말조차 벗을 수 없었다! ¹³ 이것들은 새로운 양반을 매우 실망시켰다! ¹⁴ 그는 관리에게 양반의 삶의 좋은 점을 말해달라고 애원했다. ¹⁵ 그래서 그는 더 낮은 계급의 사람들의 물건을 빼앗아서 힘을 얻을 수 있다고 말했다. ¹⁶ 그것을 들은 후 새 양반은 양반과 도둑 사이에 차이가 없다고 말했다. ¹⁷ 그는 양반의 삶을 포기하고 도망쳤다.

필수 구문 확인하기

⁵ The nobleman didn't know **what to do**.

▶ 「what to+동사원형」은 '무엇을 ~(해야) 할지'의 의미이다.

⁸ Since the rich man was now a nobleman, he had to learn **how to act** like a nobleman.
<u>　　　　　　　　　　　　　　V　　　　　　O</u>

▶ 「how to+동사원형」은 '~하는 방법'의 의미로, how 이하는 문장의 목적어이다.

¹⁴ He **begged the officer to tell** him some advantages of nobleman life.

▶ 「beg+목적어+to+동사원형」은 '~에게 …해 달라고 간청[애원]하다'라는 뜻이다.

¹⁵ So, he told him that he can **take** things from others of lower classes *and* **make** himself powerful.
　　　<u>V　IO</u>　　　　　　　　　　　　　　<u>DO</u>

▶ that 이하는 told의 직접목적어이다.

▶ 두 개의 동사구 take ~ lower classes와 make ~ powerful이 등위접속사 and로 병렬 연결되어 있다.

Chapter 06

01 [사회 | 자연으로 떠나는 여행] 너는 어디까지 가봤니

교육부 지정 중학 필수 어휘

1 bricks 2 arose 3 audience 4 origin 5 movement 6 attractions 7 bullets 8 generations 9 gun

START READING!

1 ③ 2 one of the most visited countries in the world

KEEP READING!

1 ③ 2 ⑤ 3 ② 4 ⑤ 5 pizza margherita

KEEP READING! 해설

1 지문에 가장 적절한 주제를 고르는 문제이다. 예술, 콜로세움, 피자의 세 가지 예시를 들면서 이탈리아를 대표하는 것들을 소개하고 있다. 따라서 글의 주제로 가장 적절한 것은 ③이다.
① 마르게리타 피자를 만드는 방법
② 르네상스가 어떻게 이탈리아에게 영향을 미쳤는가
③ 이탈리아에서 가장 유명한 명물
④ 유명한 예술작품들이 있는 이탈리아의 박물관
⑤ 이탈리아로의 여행을 계획하는 방법

2 이탈리아는 지금의 피자 기원지라고 많이 알려졌으며 나폴리에서 발명되었다고 했지만, 누가 처음 만들었는지는 알 수 없다(No one ~ in Naples, Italy.)고 했으므로 ⑤는 일치하지 않는다.

3 이탈리아는 르네상스 문화 운동의 발상지로 이 운동은 14세기 이탈리아에서 생겨나 다른 유럽 국가들로 퍼져나갔다(The cultural ~ the rest of Europe.)고 했으므로 빈칸에는 ②가 가장 적절하다.
① 실패 ② 중심 ③ 경험 ④ 의심 ⑤ 문제

4 콜로세움은 여행자들이 가장 많이 방문하는 관광 명소 중 하나로, 검투사들은 검으로 사나운 동물과 결투를 벌였다는 내용이다. ⑤ 뒤로 이어지는 문장에서 그들의 결투가 당시 가장 인기 있었던 스포츠 중 하나였다(It was one ~ that time.)고 했으므로, ⑤의 내용('사람들은 검투사들을 안쓰럽게 여겨 아무도 경기를 보려 하지 않았다.')은 글의 흐름에 맞지 않은 내용이다.

5 모든 피자 중 마르게리타 피자가 가장 유명하다고 한 후, 피자에 들어가는 재료를 설명하고 있으므로 밑줄 친 It이 가리키는 것은 pizza margherita이다.

끊어서 읽기

¹ The cultural movement / known as the Renaissance / arose here /
(문화 운동은 / 르네상스라고 알려진 / 여기서 시작됐다 /)

in the 14th century / and later spread / to the rest of Europe.
(14세기에 / 그리고 그 후 퍼져나갔다 / 유럽의 나머지 나라들로.)

² That's why / many people describe Italy / as the center of history,
(그것이 이유이다 / 많은 사람들이 이탈리아를 묘사하는 / 역사, 문화, 예술의 중심지로.)

culture, and art. **³** There are world famous museums / such as the
(세계적으로 유명한 박물관들이 있다 /)

Uffizi Gallery in Florence / and the Capitoline Museums in Rome.
(플로렌스의 우피치 미술관과 같은 / 그리고 로마의 카피톨리니 박물관.)

어휘 확인하기

cultural 문화의, 문화적인
movement 움직임, 동작; 이동, 이사; (정치적·사회적) 운동
arise 일어나다, 발생하다
spread 퍼지다, 확산되다
rest (어떤 것의) 나머지
describe 묘사하다
such as ~와 같은
tourist 관광의
artwork 미술품

^{전 세계에서 온 많은 관광객들이 방문한다} / ^{아름다운 미술품을 보기 위해}
⁴ Many tourists from all over the world visit / to see beautiful

/ ^{레오나르도 다 빈치와 미켈란젤로 같은 예술가들의.}
artwork / by artists like Leonardo Da Vinci and Michelangelo.

^{콜로세움 또한 ~이어왔다} / ^{가장 많이 방문되는 관광 명소 중 하나}
⁵ The Colosseum also has been / one of the most visited tourist

/ ^{이탈리아에서} / ^{여러 세대에 걸쳐.} ^{그것은 사용되었다} / ^{경기장으로} /
attractions / in Italy / for generations. ⁶ It was used / as a stadium /

^{로마 제국의 검투사들의.} ^{검투사들은 죽을힘을 다해 싸워야 했다}
for gladiators in the Roman Empire. ⁷ Gladiators had to fight to

/ ^{다른 사람이나 야생 동물에 맞서.} ^{총이나 총알은 없었다}
the death / against another person or a wild animal. ⁸ There were

/ ^{그 당시에.} ^{그들은 싸워야 했다} / ^{검으로만.}
no guns or bullets / at that time. ⁹ They had to fight / only with a

^{(사람들은 검투사들을 안쓰러워했다} / ^{그래서 아무도}
sword. (¹⁰ People felt sorry for the gladiators, / so no one would

^{경기를 보려 하지 않았다.)} ^{그것은 가장 인기 있는 스포츠 중에 하나였다} / ^{그 당시에.}
watch the games.) ¹¹ It was one of the most popular sports / at that

^{경기장은 수용할 수 있었다} / ^{5만 명의 관중을.}
time. ¹² The stadium could hold / an audience of 50,000 people.

^{마지막으로 중요한 것은} / ^{이탈리아는 알려져 있다} / ^{현대 피자의 발원지로.}
¹³ Last but not least, / Italy is known / as the origin of the modern

^{누가 피자를 발명했는가?} ^{아무도 알지 못한다} // ^{그러나 이것은 일어났다} /
pizza. ¹⁴ Who invented pizza? ¹⁵ No one knows, // but it happened /

^{이탈리아의 나폴리에서.} ^{다른 종류의 피자가} / ^{각기 다른 지역에서 나온다.}
in Naples, Italy. ¹⁶ Different kinds of pizza / come from different

^{모든 것 중에서} / ^{마르게리타 피자가 가장 유명하다.}
areas. ¹⁷ Of all, / pizza margherita is the most famous. ¹⁸ The

^{재료는 단지 토마토, 바질, 그리고 모차렐라 치즈뿐이다.}
ingredients are only tomato, basil, and mozzarella cheese. ¹⁹ It is

^{그것은 보통 구워진다} / ^{전통적인, 나무를 때는 벽돌로 된 오븐에서.}
usually baked / in a traditional, wood-fired brick oven.

---

attraction 끌림, 매력; (사람을 끄는) 명소, 명물

generation (부모의 대, 자식의 대 등의) 대, 세대

stadium 경기장

the Roman Empire 로마 제국

fight to (the) death 죽을힘을 다해 싸우다

wild 야생의

gun 《군사》 대포, 포; (통속적으로) 총

bullet (소총·권총의) 총알, 탄환

sword 검, 칼

hold 수용하다

audience 관중, 관객

last but not least 마지막으로 그러나 역시 중요하게

origin 기원, 유래

modern 현대의, 근대의

invent 발명하다

ingredient 재료

basil 바질 《허브의 일종》

traditional 전통의, 전통적인

brick 벽돌

해석 한눈에 보기

¹ 르네상스라고 알려진 문화 운동은 14세기에 여기에서 시작되어 그 후 유럽의 나머지 나라들로 퍼져나갔다. ² 그것이 바로 많은 사람들이 이탈리아를 역사, 문화, 예술의 중심지로 묘사하는 이유이다. ³ 이탈리아에는 플로렌스의 우피치 미술관과 로마의 카피톨리니 박물관 같은 세계적으로 유명한 박물관들이 있다. ⁴ 전 세계에서 온 많은 관광객들이 레오나르도 다 빈치와 미켈란젤로 같은 예술가들의 아름다운 미술품을 보기 위해 방문한다.

⁵ 콜로세움은 또한 여러 세대에 걸쳐 이탈리아에서 가장 많이 방문되는 관광 명소 중 하나였다. ⁶ 그것은 로마 제국 검투사들의 경기장으로 사용되었다. ⁷ 검투사들은 다른 사람이나 야생 동물에 맞서 죽을힘을 다해 싸워야 했다. ⁸ 그 당시에 총이나 총알은 없었다. ⁹ 그들은 오직 검으로 싸워야만 했다. (¹⁰ 사람들은 검투사들을 안쓰럽게 여겨 아무도 경기를 보려 하지 않았다.) ¹¹ 그것은 그 당시 가장 인기 있는 스포츠 중 하나였다. ¹² 경기장은 5만 명의 관중을 수용할 수 있었다.

¹³ 마지막으로 중요한 것은, 이탈리아는 현대 피자의 발원지로 알려져 있다. ¹⁴ 누가 피자를 발명했는가? ¹⁵ 아무도 알지 못하지만 이는 이탈리아의 나폴리에서 일어났다. ¹⁶ 각기 다른 지역에서 다른 종류의 피자들이 나온다. ¹⁷ 모든 것 중에서 마르게리타 피자가 가장 유명하다. ¹⁸ 재료는 단지 토마토, 바질, 그리고 모차렐라 치즈뿐이다. ¹⁹ 그것은 보통 전통적인, 나무를 때는 벽돌 오븐에서 구워진다.

1 *The cultural movement* [**known** as the Renaissance] **arose** here in the 14th century *and* later **spread** to the rest of Europe.

▶ known as the Renaissance는 과거분사구로 쓰여 앞의 the cultural movement를 수식한다.

▶ 과거시제 동사 arose와 spread가 접속사 and로 병렬 연결되어 있다.

5 The Colosseum also has been **one of the most visited tourist attractions** in Italy for generations.

▶ 「one of the+형용사의 최상급+복수 명사」는 '가장 ~한 …들 중 하나'의 의미이다.

13 Last but not least, Italy **is known as** the origin of the modern pizza.

▶ last but not least는 '마지막으로 그러나 역시 중요하게'라는 의미의 접속부사이다.

▶ be known as는 '~로서 알려져 있다'의 의미이다.

---

02 [국어 | 다양한 관점과 해석] 슬로푸드 운동
본문 p.106~109

교육부 지정 중학 필수 어휘
1 principles 2 chief 3 insisted 4 industry 5 consumes 6 purpose 7 reminded 8 pace

START READING!
1 many people were in shock 2 ③

KEEP READING!
1 ④ 2 ④ 3 (a) 4 good, clean, fair 5 pace

KEEP READING! 해설

1 지문에 가장 적절한 주제를 고르는 문제이다. 지역 전통과 좋은 음식, 그리고 느린 속도의 삶을 목표로 이탈리아에서 시작된 슬로푸드 운동의 목적과 원칙에 대한 글이므로 정답은 ④이다.
① 슬로푸드 운동의 창시자
② 슬로푸드 운동을 지지하는 사람들
③ 슬로푸드 운동과 맥도날드
④ 슬로푸드 운동의 목적과 원칙
⑤ 슬로푸드 운동에 참여하는 방법

2 그들은 소비자와 생산자 모두에게 공정한 가격과 환경을 지지한다(They stand for ~ for both those who consume and produce.)고 했으므로 ④는 일치하지 않는다.

3 지문의 chief와 같은 의미로 쓰인 것을 고르는 문제이다. 지문의 chief는 '주된, 주요한'의 의미로 쓰였으므로 정답은 (a)이다.
(a) 주요 계획은 물건을 더 비싼 값에 파는 것이었다.
(b) 그 부족의 추장은 군중들 앞에 일어섰다.

4 슬로푸드 운동은 '좋은, 깨끗한, 공정한'이라는 세 가지 주된 원칙을 갖고 있다(The Slow Food ~ clean, and fair.)고 했으므로 정답은 good, clean, fair이다.

5 (1) 그 소녀는 어두운 거리를 빠른 (A) 속도로 걸었다.
(2) 이것은 긴 경주이기 때문에 네 (B) 속도를 유지하는 것이 중요하다.
첫 번째 문장의 (A)는 '속도'라는 말이 들어가고 두 번째 문장의 (B)는 '속도를 유지하다'라는 말이 들어가야 적절하므로 정답은 pace(속도의; 걷다; 속도를 유지하다)이다.

끊어서 읽기

슬로푸드 운동은 처음 시작되었다 / 아르치골라라고 불리는 한 단체와 함께.
¹ The Slow Food Movement first began / with an organization called

1986년에 / 그것은 대항하기 위해 시작되었다 / 한 맥도날드의 영업 시작에
Arcigola. ² In 1986, / it was started to fight / against the opening of

to+동사원형 (~하기 위해)
유명한 패스트푸드 식당인. 그 운동의 주요한 목표는
a McDonald's, / the famous fast-food restaurant. ³ The chief purposes

/ 지역의 전통을 지키는 것이다 / 좋은 음식, 그리고
of the movement / are to protect local traditions, / good food, and

삶의 느린 속도. 그것은 또한 지지한다 / 지역의 농업과
a slow pace of life. ⁴ It also supports / the use of local farming and
to+동사원형 (~하는 것)

소규모 사업의 이용을 / 농산물의 세계화 대신에
small businesses / instead of the globalization of agricultural

/ 그리고 큰 규모의 체인 식품 산업.
products / and big-chain food industries.

슬로푸드 운동은 세 가지 주된 원칙을 갖고 있다 / 좋은, 깨끗한, 그리고 공정한.
⁵ The Slow Food Movement has three prime principles: / good, clean,

그들은 좋은 품질의 식품을 지지한다 / 깨끗한 생산 /
and fair. ⁶ They stand for good quality food, / clean production / that

환경에 해를 끼치지 않는, / 그리고 공정한 가격과 환경을 /
does not harm the environment, / and fair prices and conditions /

소비하는 자와 생산하는 자 모두에게. 그것이 시작된 지 30년이
for both those who consume and produce. ⁷ Over 30 years after it

지난 후 / 슬로푸드 운동은 이제 십만 명 이상의 회원이 있다
began, / the Slow Food Movement now includes over 100,000

/ 150개국 이상에 있는 지점과 함께.
members / with branches in over 150 countries.

슬로푸드 운동의 원칙은 / 모두 좋게 들린다 /
⁸ The principles of the Slow Food Movement / all sound good / for

우리와 세상을 위해. 그것은 우리에게 ~을 상기시킨다 / 예전의 삶의 방식을 /
us and for the planet. ⁹ It reminds us of / the old ways of life /

사람들이 오늘날 잊고 있던. 그런데 어떤 사람들은 주장한다 //
that people today have forgotten. ¹⁰ However, some people insist //

슬로푸드 운동의 원칙을 따르는 것은 / 너무 어렵다고.
that following the principles of the Slow Food Movement / is too
(~인 것을)

그들은 말한다 // 요즘 사람들은 시간이 없다고 /
hard. ¹¹ They say // that people these days don't have time / to
(~인 것을) to+동사원형 (~할)

전통적인 방식으로 그들의 음식을 요리할.
cook their meals in traditional ways.

어휘 확인하기

organization 조직, 단체
chief 우두머리, 추장, 두목; 주된, 주요한
purpose 목적, 결심; 작정하다, 결심하다
local 현지의, 지역의
tradition 전통
pace 속도; 걷다; 속도를 유지하다
support 지지하다, 지원하다
globalization 세계화
agricultural 농업의
industry 산업, 업
prime 주된
principle 원칙, 신조
stand for 지지하다
consume 소비하다; 마구 쓰다, 낭비하다
branch 지사, 분점
remind 상기시키다, 다시 한 번 알려주다
remind A of B A에게 B를 상기시키다
insist 강요하다, 조르다; 우기다, 주장하다

[선택지 어휘]
founder 창립자
participate 참여하다

해석 한눈에 보기

¹ 슬로푸드 운동은 처음 아르치골라라는 한 단체와 함께 시작됐다. ² 1986년에 그것은 유명한 패스트푸드 식당인 맥도날드의 영업 시작에 반대하기 위해 시작되었다. ³ 그 운동의 주요한 목표는 지역의 전통, 좋은 음식, 그리고 삶의 느린 속도를 지키는 것이다. ⁴ 그것은 또한 농산물의 세계화와 대규모의 체인 식품 산업 대신 지역 농업과 소규모 사업을 이용하는 것을 지지한다.
⁵ 슬로푸드 운동은 '좋은, 깨끗한, 공정한'이라는 세 가지 주된 원칙을 갖고 있다. ⁶ 그들은 양질의 식품과 환경에 해를 끼치지 않는 청정 생산, 그리고 소

비자와 생산자 모두를 위한 공정한 가격과 환경을 지지한다. **7** 그것이 시작된 지 30년이 지난 후, 슬로푸드 운동은 150개국 이상에 지점과 함께 이제 십만 명 이상의 회원이 있다.

8 슬로푸드 운동의 원칙은 우리와 세상을 위해 모두 좋게 들린다. **9** 그것은 우리에게 사람들이 오늘날 잊고 있던 예전의 삶의 방식을 떠올리게 한다. **10** 하지만 어떤 사람들은 슬로푸드 운동의 원칙을 따르는 것이 너무 어렵다고 주장한다. **11** 그들은 요즘 사람들은 전통적인 방식으로 그들의 음식을 요리할 시간이 없다고 말한다.

필수 구문 확인하기

6 They stand for good quality food, *clean production* [**that** does not harm the environment], *and* fair prices and conditions for both those who consume and produce.

▶ that ~ environment는 선행사 clean production을 수식하는 주격 관계대명사절이다.

▶ 목적어인 세 개의 어구(good quality food, clean ~ environment, fair ~ produce)가 접속사 and로 병렬 연결되어 있다.

9 It **reminds** us **of** *the old ways of life* [**that** people today have forgotten].
　　　　　　　 A　　　　　　　　　　　　　 B

▶ 「remind A of B」는 'A에게 B를 상기시키다'라는 의미이다.

▶ that 이하는 선행사인 the old ways of life를 수식하는 목적격 관계대명사절이다.

10 However, some people insist **that following** the principles of the Slow Food Movement is too hard.
　　　　　　　　　　　　　　　　　　　　　 S'　　　　　　　　　　　　　 V'

▶ that은 명사절을 이끄는 접속사로 that 이하는 insist의 목적어 역할을 한다.

▶ 동명사구(following ~ Movement)가 that절의 주어로 쓰였고, 주어인 동명사구는 단수 취급하므로 동사 is가 쓰였다.

03 [과학 | 소화·순환·호흡·배설] 복식 호흡

본문 p.110~113

교육부 지정 중학 필수 어휘
1 breathing　2 professional　3 chest　4 technique　5 organ　6 expanded　7 smooth　8 breathe

START READING!
1 가슴, 흉부　2 ②

KEEP READING!
1 (1) T　(2) F　(3) T　2 ⑤　3 ②　4 (A) Benefits (B) relieves (C) digestive (D) burns (E) provides

KEEP READING! 해설

1 복식 호흡을 한 시간 동안 하는 것은 30분 동안 자전거를 타는 만큼의 칼로리를 소모한다(Also, just by ~ a bike for 30 minutes.)고 했으므로, (2)는 F이다.

2 복식 호흡의 이점들을 소개하는 글이며, 그중 하나는 배 근육을 사용하면서 호흡하기 때문에 배 주변의 장기들을 움직이면서 소화 과정을 돕는다는 내용이다. ⑤의 내용('뜨거운 차나 다른 따뜻한 음료도 또한 소화를 도와줄 수 있다.')은 복식 호흡으로 인한 소화 과정을 설명하는 내용이 아니므로 글의 흐름과 맞지 않는 내용이다. 따라서 정답은 ⑤이다.

3 빈칸 앞 문장에서 한 시간 동안 복식 호흡을 하면 자전거를 30분 탄 만큼의 칼로리가 소모된다고 했고, 뒤에서는 복식 호흡이 폐활량을 늘린다는 또 다른 장점을 이어서 설명하므로, 정답은 ②이다.
① 그러나　② 게다가　③ 예를 들면　④ 그러므로　⑤ 그렇지 않으면

4 복식 호흡이 우리에게 주는 여러 이점들을 설명하는 글이다. 복식 호흡은 우리를 편하게 만들어주며 스트레스를 완화하고, 배의 근육을 움직이면서 소화 과정을 돕는다고 했다. 또한, 가슴으로 호흡하는 것보다 복식 호흡이 더 많은 칼로리를 소모한다고 했고, 폐활량을 늘려 더 많은 산소가 폐로 갈 수 있도록 도와준다고 했다.

끊어서 읽기

여러 이점이 있다 // 당신이 복식 호흡에서 얻을 수 있는.
1 There are several benefits // you can get from abdominal breathing.

가장 먼저 / 그것은 당신이 스트레스를 완화하도록 도와준다. 당신은 더 많은 산소를 마신다 /
2 First of all, / it helps you relieve stress. **3** You take in more oxygen /

이 호흡 기법을 쓸 때. 더 많은 산소를 세포에 전달하기 때문에
when using this breathing technique. **4** Delivering more oxygen to the

/ 그것은 당신의 몸이 편안함을 느끼게 한다 / 그리고 스트레스를 완화한다.
cells, / it makes your body feel relaxed / and relieves stress. **5** It also

그것은 또한 소화 과정을 좋게 한다. 당신이 숨을 쉴 때 / 복식 호흡으로
improves digestive processes. **6** When you breathe / with abdominal

// 당신은 배의 근육을 사용한다. 그리고 이 근육들은 다른 장기를 움직인다
breathing, // you use your belly muscles. **7** These muscles then move

/ 배 주변의. 이것은 음식을 소화시키는 것을 ~하게 한다 /
other organs / around your belly. **8** This makes digesting food / easier

더 쉽고 부드럽게. 어떤 소화 문제에든 / 당신이 가진 / try
and smoother. **9** For any digestive problems / you may have, / try

복식 호흡을 해 봐라. (뜨거운 차와 다른 따뜻한 음료는 / 또한 소화를
abdominal breathing. **10** (Hot tea and other warm drinks / can also help

도와줄 수 있다.)
with digestion.)

당신이 계획하고 있다면 / 다이어트를 시작할 // 복식 호흡은 그것도 도울 수 있다!
11 If you are planning / to go on a diet, // abdominal breathing can help

알았는가 // 복식 호흡이 태운다는 것을 /
with that, too! **12** Did you know // that abdominal breathing burns /

훨씬 더 많은 칼로리를 / 단지 가슴으로 하는 호흡보다? 또한 /
many more calories / than just breathing with your chest? **13** Also, /

단지 복식 호흡을 함으로써 / 한 시간 동안 /
just by breathing with abdominal reathing / for one hour, /

당신은 태울 수 있다 / 자전거를 타는 것만큼의 칼로리를 / 30분 동안.
byou can burn / as many calories as riding a bike / for 30 minutes.

게다가 / 복식 호흡을 하며 운동을 할 때 //
14 Moreover, / when you exercise with abdominal breathing, //

그것은 폐에 더 많은 공간을 준다 / 확장하도록. 그것이 이유이다 /
it gives your lungs more space / to expand. **15** That's why /

전문 가수, 배우, 연설가 그리고 운동선수들이 /
professional singers, actors, speakers, and athletes / practice this

이 호흡 방법을 연습하는 // 폐는 더 많은 산소를 담을 수 있기 때문에 //
way of breathing // — as the lungs can hold more oxygen, // it prevents

그것은 그들이 쉽게 피곤해지는 것을 막는다 / 그리고 그들의 목소리를 강하게 유지시킨다.
them from getting tired easily / and keeps their voice strong.

어휘 확인하기

benefit 이익, 이점

breathing 호흡

relieve (고통 등을) 덜다, 완화하다

take in 섭취하다, 마시다

oxygen 산소

technique 기법, 기술

deliver 전달하다

cell 세포

relaxed 편안한

improve 개선되다, 나아지다

digestive 소화의

process 과정

breathe 숨을 쉬다, 호흡하다

belly 배, 복부

muscle 근육

organ (인체 내의) 장기, 장기 기관; (악기) 오르간

digest 소화하다

smooth 매끄러운; (일의 진행 등이) 순조로운, 매끄러운

go on a diet 다이어트를 시작하다

calorie 칼로리

chest 가슴, 흉부

lung 폐

expand 넓히다, 확장하다

professional 직업의, 전문직의; 전문의, 본업으로 하는

athlete 운동선수

hold (사물을) 담다

prevent 막다, 예방하다

해석 한눈에 보기

1 당신이 복식 호흡으로 얻을 수 있는 여러 이점이 있다. 2 먼저 그것은 스트레스를 완화하도록 도와준다. 3 이 호흡 기법을 사용할 때 당신은 더 많은 산소를 마신다. 4 더 많은 산소를 세포로 전달하기 때문에 그것은 당신의 몸을 편안하게 하고 스트레스를 완화시킨다. 5 그것은 또한 소화 과정을 좋게 한다. 6 당신이 복식 호흡으로 숨을 쉴 때, 당신은 배의 근육을 사용한다. 7 그리고 이런 근육은 배 주변의 장기를 움직인다. 8 이것은 음식의 소화를 더 쉽고 부드럽게 한다. 9 당신이 가진 어떤 소화 문제에도, 복식 호흡을 해봐라. 10 (뜨거운 차나 다른 따뜻한 음료도 소화를 도와줄 수 있다.)
11 당신이 다이어트를 시작할 계획이라면, 복식 호흡은 그것도 도울 수 있다! 12 복식 호흡이 단지 가슴으로 호흡하는 것보다 훨씬 더 많은 칼로리를 태운다는 것을 알고 있었는가? 13 또, 단지 한 시간 동안 복식 호흡을 함으로써, 당신은 30분 동안 자전거를 타는 것만큼의 칼로리를 태울 수 있다. 14 게다가, 복식 호흡을 하며 운동을 할 때, 그것은 폐가 확장할 수 있는 더 많은 공간을 만든다. 15 그것이 전문 가수, 배우, 연설가, 운동선수들이 이 호흡 방법을 연습하는 이유이다. 폐가 더 많은 산소를 담을 수 있기 때문에 그것은 그들이 쉽게 피곤해지는 것을 막고, 그들의 목소리를 강하게 유지시킨다.

필수 구문 확인하기

3 You take in more oxygen **when using** this breathing technique.

▸ when using 이하는 접속사를 생략하지 않은 분사구문으로 when you use ~로 바꿔 쓸 수 있다.

4 **Delivering** more oxygen to the cells, it **makes** your body **feel** relaxed and relieves stress.
(V_1: makes, O_1: your body, C: feel relaxed, V_2: relieves, O_2: stress)

▸ Delivering ~ the cells는 분사구문으로 '~하기 때문에'의 의미를 나타내고, As it delivers ~로 바꿔 쓸 수 있다. 「make+목적어+동사원형」은 '~가 …하게 하다'의 의미이다.

04 [수학 | 확률] 고대의 주사위

본문 p.114~117

교육부 지정 중학 필수 어휘
1 sort 2 area 3 ordered 4 professor 5 phrase 6 balanced 7 refers

START READING!
1 the same type of dice that we have today 2 (1) T (2) F (3) F

KEEP READING!
1 ③ 2 ⑤ 3 (1) made (2) similar (3) balanced 4 sort

KEEP READING! 해설

1 지문에 가장 적절한 제목을 고르는 문제이다. 경주에서 발견된 우리나라 고대 주사위 주령구에 관한 내용이므로 정답은 ③이다.
① 술과 게임을 좋아했던 고대 사람들
② 세계의 다양한 주사위
③ 경주에서 발견된 고대 한국의 주사위
④ 완벽한 주사위의 비밀은 무엇일까?
⑤ 주사위 게임을 하는 방법

2 주어진 문장은 '그가 각 면을 본 횟수는 거의 500번이었다.'라는 뜻이다. ⑤ 앞에서 단국대학교의 한 교수가 주령구를 7,000번 던졌다(~ a professor from ~ Juryeongu 7,000 times.)는 내용이 나오고, 뒤로는 주령구는 매우 잘 만들어졌던 것으로 보인다는 내용이 나오므로 정답은 ⑤이다.

3 주령구는 여섯 개의 정사각형과 여덟 개의 육각형으로 이루어졌다고 했으며, 각 면의 비슷한 확률을 얻기 위해서는 면적이 비슷해야 하고 균형 잡힌 무게를 가져야 한다고 했다. 따라서 정답은 (1) made, (2) similar, (3) balanced이다.
주령구는 두 개의 다른 모양의 14면으로 (1) 만들어졌지만, 면의 면적은 (2) 비슷했고, 무게는 (3) 균형 잡혔다.

4 (1) 나는 엄마가 집에 오시기 전에 우편들을 (A) 분류해야 한다.
(2) 이 (B) 종류의 문제는 풀기 쉽다.
첫 번째 문장의 (A)는 '분류하다'라는 말이 들어가고, 두 번째 문장의 (B)는 '종류'라는 말이 들어가야 적절하므로 정답은 sort(종류, 유형; 분류하다, 구분하다)이다.

끊어서 읽기

1 다양한 종류의 주사위가 있다 / 다른 나라들에서 발견된.
There is a diverse range of dice / found in other countries. **2** They

그것들은 주로 만들어진다 / 놀이를 하기 위해. / 때때로 옆면에는 말이나 어구가 있다
are often made / to play games. **3** Sometimes, there are words or
to+동사원형 (하기 위해)

숫자 대신에. / 고대 주사위 / 경주에서 발견된
phrases on the sides / instead of numbers. **4** The ancient dice / found

/ 이것과 같은 종류였다. / 옆면에는 이런 것들이 쓰여 있다
in Gyeongju / were the same type as these. **5** The sides said things

// '한 잔을 마셔라 // 그리고 큰 소리로 웃어라' / 또는 '음악 없이 춤을 춰라'
like // "drink a glass // and laugh out loud" / or "dance without

따라서 이 14면의 주사위는 / 아마도 놀이를 위해 만들어졌을 것이다.
music." **6** So, these 14-sided dice / were perhaps made for games.

그 주사위는 '주령구'라고 불렸다. / 그것은 의미한다 / '사용되는 장난감을
7 The dice were named "Juryeongu." **8** It refers to / "a toy that is

/ 누군가에게 술을 마실 것을 명령할 때.' / 불가능하기 때문에 /
used / when ordering someone to drink." **9** Because it is impossible /

14면으로 된 정다각형을 만드는 것은 // 주령구는 만들어졌다 /
to make a regular polygon with 14 sides, // Juryeongu were made /

6개의 정사각형과 8개의 육각형으로. / 얻기 위해
with 6 squares and 8 hexagons. **10** In order to get / similar chances

각 면의 비슷한 확률을 / 면의 면적은 / 비슷해야 했다.
for each side, / the areas of the sides / had to be similar. **11** The

무게 또한 균형을 유지해야 했다. / 그래서 그 육각형은 특별한 모양이어야 했다
weight also had to be balanced. **12** So, the hexagons had to be a special

이 모양의 종류는 긴 삼각형처럼 보인다. / 여전히 아무도 알지 못했다
shape. **13** This sort of shape looks like a long triangle. **14** Still, nobody

/ 어떤 면을 얻는 특정한 확률을. / 그러던 1987년에 /
knew / the real chances of getting a particular side. **15** Then in 1987, /

단국대학교의 한 교수가 / 주령구를 7,000번 던졌다.
a professor from Dankook University / threw a Juryeongu 7,000 times.

횟수는 / 그가 각 면을 본 / 약 500번이었다. / ~인 것 같다 //
16 The number of times / he saw each side / was about 500. **17** It seems //

주령구는 매우 잘 만들어진 것!
that Juryeongu were very well-made!

어휘 확인하기

diverse 다양한, 여러 가지의
dice 주사위
phrase 구, 어구
ancient 고대의
perhaps 아마, 어쩌면
refer 알아보다, 조회하다; 가리키다
refer to A A를 가리키다
order 순서; 명령; 명령하다; 주문하다
square 정사각형
area 지역, 구역; 면적
balanced 균형 잡힌, 안정된
sort 종류, 유형; 분류하다, 구분하다
triangle 삼각형
particular 특정한, 특수한
professor 교수

[선택지 어휘]
various 여러 가지의, 다양한

해석 한눈에 보기

1 다른 나라들에서 발견된 다양한 종류의 주사위가 있다. **2** 그것들은 주로 놀이를 하기 위해 만들어진다. **3** 때때로 옆면에는 숫자 대신에 말이나 어구가 있다. **4** 경주에서 발견된 고대의 주사위가 이것과 같은 종류였다. **5** 옆면에는 '한 잔 마시고 크게 웃어라' 또는 '음악 없이 춤을 춰라'와 같은 것들이 쓰여 있었다. **6** 그래서 이 14면의 주사위는 아마도 놀이를 위해 만들어졌을 것이다. **7** 그 주사위는 '주령구'라고 불렸다. **8** 그것은 '누군가에게 술을 마시라고 명령할 때 쓰인 장난감'을 의미한다. **9** 14면으로 정다각형을 만드는 것은 불가능하기 때문에, 주령구는 여섯 개의 정사각형과 여덟 개의 육각형으로 만들어졌다. **10** 각 면의 비슷한 확률을 얻기 위해, 면의 면적은 비슷해야 했다. **11** 무게 또한 균형을 유지해야 했다. **12** 그래서 그 육각형은 특별한 모양이어야 했다. **13** 이 모양의 종류는 긴 삼각형처럼 생겼다. **14** 여전히 아무도 어떤 면을 얻는 특정한 확률을 알지 못했다. **15** 그러던 1987년에 단국대학교의 한 교수가 주령구를 7,000번 던졌다. **16** 그가 각 면을 본 횟수는 거의 500번이었다. **17** 주령구는 매우 잘 만들어졌던 것으로 보인다!

1 There is *a diverse range of dice* [**found** in other countries].

▶ found in other countries는 a diverse range of dice를 수식하는 과거분사구이다.

8 It refers to "*a toy* [**that** is used when ordering someone to drink]."

▶ that은 주격 관계대명사로 that 이하는 선행사 a toy를 수식한다.

9 Because **it** is impossible **to make** a regular polygon with 14 sides, Juryeongu ~.

가주어   진주어

▶ it은 가주어이고, to make ~ sides가 진주어이다.

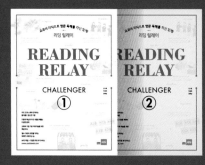

READING RELAY
STARTER 1, 2

READING RELAY
CHALLENGER 1, 2

READING RELAY
MASTER 1, 2

대한민국 영어교과서는 따로 있다!

2004년 첫 발간부터 현재까지!
13년 연속 1위를 지켜오며 300만의 학생들과 함께 한 베스트셀러, 千一文

New Edition 천일문 시리즈

수능 최적화
새로운 문장 교체

시대 흐름에 맞도록
문장의 참신성을 더하고
최신 기출을 포함

★절대평가 대비 필독서

천일비급 UPGRADE

포맷을 보완하고
내용을 대폭 보강한

최강의 별책해설집

천일문 기본 문제집

구문 이해를 정착시키고
적용 훈련을 할 수 있는
천일문 기본 문제집

★2018 개정판 출시

부가 서비스
막강한 무료 부가 자료

MP3 파일/
본문 해석/
말하기 · 영작/
어휘테스트 등
www.cedubook.com

| 중등 구문 |
천일문 입문 INTRO
–
500개 영어문장으로
시작하는 구문독해의 기초.

| 중등 문법 |
천일문 GRAMMAR
1, 2, 3
–
1001개 예문으로 완성하는
중학 필수 영문법

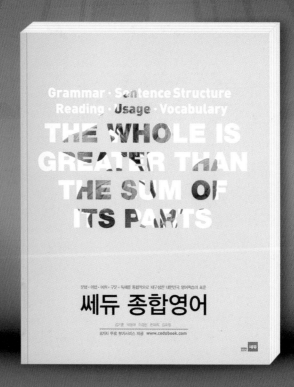